Der Grammatik-Trainer

200 Übungen

Deutsch 3.–4. Schuljahr

verstehen 1

üben 2

können 3

Schroedel

Der Grammatik-Trainer

200 Übungen
Deutsch 3.–4. Schuljahr

Autorin:

Sabine Spengler ist seit zwei Jahrzehnten Grundschullehrerin aus Überzeugung. Zudem betreut sie Referendare im Fach Deutsch. Weitere Unterrichtserfahrungen sammelte sie an einer Förderschule mit dem Schwerpunkt „Lernschwierigkeiten“.

Druck [1] / Jahr 2011

Redaktion: imprint, Zusmarshausen
Kontakt: lernhilfen@schroedel.de
Herstellung: Sandra Grünberg
Umschlaggestaltung und Layout: Susanne Hesch, Braunschweig/ Janssen Kahlert Design und Kommunikation GmbH, Hannover
Umschlagfoto: Klaus G. Kohn
Illustrationen: Thies Schwarz, Hannover
Satz: KCS GmbH · Verlagsservice & Medienproduktion, Buchholz/Hamburg
Druck und Bindung: westermann druck GmbH, Braunschweig

ISBN 978-3-507-**22312**-7

Liebe Schülerin, lieber Schüler,

du willst bessere Noten im Fach Deutsch? Dann ist der ***Grammatik-Trainer*** genau das Richtige für dich! Mithilfe der 3-Schritt-Methode kannst du hier alle Themen der deutschen Grammatik trainieren, die in der Grundschule wichtig sind.

Die **3-Schritt-Methode** ist ganz einfach.

1 **Verstehen:** Lies die **Grammatikregel** gründlich durch und merke dir den Inhalt.

2 **Üben:** Abwechslungsreiche **Übungen** helfen, die Grammatikregel zu verinnerlichen.

3 **Können:** Schließlich schreibst du einen **Test**, der überprüft, ob du die Grammatikregel wirklich verstanden hast.

Alle Grammatikregeln in diesem Buch werden nach der 3-Schritt-Methode trainiert. Die Regeln sind dabei anschaulich erklärt – so fällt das Verstehen leichter!
Die Lösungen für die Übungen und Tests findest du ab Seite 158. Hier findest du auch die Auswertung zu den einzelnen Tests.

Als zusätzliche Hilfe findest du ab Seite 204 einen praktischen Übersichtsteil zum gezielten Nachschlagen der wichtigsten Begriffe.

Und jetzt kann es auch schon losgehen.
Viel Erfolg beim Üben mit dem *Grammatik-Trainer*!

Sabine Spengler

Nomen

Verben

Adjektive

Wortbausteine/Wortfelder

Sätze

Satzglieder

1. Nomen

1

Nomen und ihre Begleiter

Nomen (Namenwörter/Hauptwörter/Substantive) sind Namen für Menschen, Tiere, Pflanzen und Dinge.
Nomen werden am Wortanfang immer **großgeschrieben**:
der Ball, die Katze, das Kind.
Nomen können in der **Einzahl** und in der **Mehrzahl** stehen:
der Hund – die Hunde, die Kiste – die Kisten,
das Auto – die Autos.

Zu jedem Nomen gehört fast immer ein **Begleiter** (Artikel).
Es gibt **bestimmte** Artikel und **unbestimmte** Artikel.
Bestimmte Artikel sind die Wörter **der**, **die**, **das**:
der Ranzen, **die** Tasche, **das** Etui.

Der Ranzen von Lisa ist hellblau mit gelben Streifen.
Tim sucht mit Oma gemeinsam die Tasche.
Tina öffnet das Etui.

Unbestimmte Artikel sind die beiden Wörter **ein** und **eine**:
ein Ranzen, **eine** Tasche, **ein** Etui.

Auf dem Flur steht ein Ranzen.
Oma nimmt zum Einkaufen immer eine Tasche mit.
In der Pausenhalle findet Lisa ein Etui.

2

1. Finde zu den Nomen den bestimmten und den unbestimmten Artikel und schreibe Artikel und Nomen in dein Heft. Zeichne dabei den Anfangsbuchstaben des Nomens farbig nach.

Beispiel: die Maus – eine Maus

Traum, Elefant, Blüte, Riese, Buch, Turnschuh, Schwimmbad, Kerze, Fahrrad, Schule, Zeitung, Basketball, Spielzeug, Familie

2. *Lisa geht gern zur Schule. Sie freut sich jeden Tag wieder auf den Unterricht und kann es kaum erwarten. Jeden Nachmittag packt sie ihren Ranzen aus und räumt ihn ordentlich wieder ein. Frau Schöllchen lobt sie sehr dafür.*

In Lisas Ranzen kommen zum Vorschein: Etui, Mappe, Anspitzer, Frühstücksdose, Bleistift, Block, Tuschkasten, Heft, Haarspange, Radiergummi, Trinkflasche, Lineal, Leseausweis, Fibel und ein Foto.

Ordne die Dinge (Nomen) aus Lisas Ranzen den passenden Begleitern zu.

der	*die*	*das*
Anspitzer		

3. *Lisa hat ihren Ranzen sortiert. Was sortierst du? Schau in deinen Schrank oder in deine Schublade. Was findest du? Schreibe zehn Nomen mit dem passenden Begleiter in dein Heft. Kannst du sie nach dem ABC sortieren?*

Nomen

4. Unterstreiche die Nomen. Es sind 20 Stück. Schreibe anschließend 12 davon mit dem passenden Begleiter in dein Heft. Achtung: Auch Namen sind Nomen.

Tipp:
Wenn du ein Nomen in einem Text erkennen willst, musst du immer nach zwei Beweisen suchen. Erinnerst du dich?
1. Nomen werden immer großgeschrieben.
2. Kannst du vor das Nomen einen Begleiter setzen? Aber Achtung: Vor Namen setzt man nur umgangssprachlich einen Begleiter.
   Peter - der Peter

Lisa liebt es, morgens das erste Kind in der Klasse zu sein. Deshalb betritt sie am nächsten Morgen schon sehr früh die Schule.
Ein bisschen unheimlich ist es schon. Alle Räume sind noch dunkel.
Nur der Hausmeister ist schon da. Er repariert gerade ein Fenster, das im Sturm der letzten Nacht kaputtgegangen ist. Lisa stellt den Ranzen ab, zieht ihre Schuhe aus und stellt sie in das Regal. Dann hängt sie die Jacke an ihren Haken und öffnet die Tür zum Klassenraum. Sie macht das Licht an und geht zu ihrem Platz.
Erstaunt bleibt sie stehen.

5. Hier sind sechs Nomen versteckt. Markiere die Wortgrenzen und schreibe die Nomen mit ihren Begleitern in dein Heft.

GENUGHEFTLIEBFRÜHSTÜCKSCHIEF
BUCHSCHLAFENKLEBSTOFFBESSERWIERANZEN
SOAUFSCHEREVOLL

3 **TEST**

Na, hast du in Aufgabe 4 alle Nomen entdeckt? Jetzt wird es noch schwieriger, weil du nicht erkennen kannst, welche Wörter großgeschrieben werden. Denke daran, dass du vor Nomen (außer bei Namen) einen Begleiter setzen kannst. Unterstreiche die Nomen und schreibe den Text in richtiger Groß- und Kleinschreibung in dein Heft.

AUF LISAS TISCH LIEGT EIN BRIEFUMSCHLAG.
ER IST AUS GELBEM PAPIER UND LISA ERKENNT DARAUF SOFORT IHREN NAMEN. DER UMSCHLAG IST MIT EINEM KLEINEN STERN VERZIERT.
LISA SETZT SICH AUF IHREN STUHL. SIE HÄLT DEN BRIEF IN IHRER HAND.
DANN ÖFFNET SIE VORSICHTIG DEN UMSCHLAG.
ES FALLEN EINIGE BUNTE STERNE HERAUS.
DER BRIEF IST VON LISAS FREUNDIN MARIE. SIE LÄDT LISA EIN, MIT IHR AM FOLGENDEN SONNTAG INS PLANETARIUM ZU FAHREN. LISA FREUT SICH SEHR.

Nomen

1

Nomen in der Mehrzahl und die Begleiter

Nomen können in der **Einzahl** und in der **Mehrzahl** stehen:
das Heft – die Hefte, der Lehrer – die Lehrer, der Computer – die Computer.
In der Mehrzahl gibt es **nur einen Artikel**, nämlich das Wörtchen **die**:
das Kind – die Kinder, der Freund – die Freunde, die Schwester – die Schwestern.

2

1. Verbinde die Einzahl und die Mehrzahl miteinander.

der Stern	die Häuser
die Wolke	die Tage
das Haus	die Wünsche
der Tag	die Wolken
der Wunsch	die Geschenke
das Geschenk	die Sterne

2. Bilde die Mehrzahl.

Der Baum – ...., die Kiste – ....,

das Baby – ...., der Fußball – ....,

der Topf – ...., die Puppe – ....,

das Gras – ...., das Pferd – ....,

die Lampe – ...., das Regal – ....,

die Ferien – ...., der Schuh – ....,

die Geschichte – ....

Tipp:
Hast du etwas bemerkt?
Richtig, manche Nomen verändern sich in der Mehrzahl gar nicht, genauer gesagt: Es gibt gar keine Mehrzahlform.
Dazu gehören zum Beispiel:
das Glück, der Mut, der Löffel, der Himmel, der Ritter, der Engel, die Wärme, das Leben, der Zucker, der Teller, das Obst, das Gemüse.

3. Fallen dir noch andere Nomen zu dieser Ausnahme ein? Schreibe in dein Heft.

4. Ersetze die Einzahl durch die Mehrzahl.

Lisa räumt auf. Sie hat alle .... (Stofftier) aus dem Regal genommen und auf ihre beiden .... (Stuhl) gesetzt. Dann hat sie ihre .... (Bilderbuch) auf dem Fußboden in zwei .... (Stapel) aufgeteilt. Sie lernt jetzt ja lesen und will die einfachen .... (Buch) an kleinere .... (Kind) verschenken. Sie füllt sie in große .... (Tasche), um sie morgen in die verschiedenen .... (Gruppe) im Kindergarten zu bringen.

Nomen

TEST 3

Setze in den Text die passenden Mehrzahlformen ein. Diese Nomen helfen dir dabei.

Banane, Elefant, Schwester, Kind, Tor, Besucher, Hund, Tier, Pinguin, Bär, Affe, Getränk

Gestern waren Tim und seine .... mit ihren Eltern im Zoo. Die .... lieben es, den Zoo zu besuchen. Zottel musste zu Hause bleiben, weil .... im Zoo verboten sind.

Nachdem Papa das Eintrittsgeld bezahlt hatte, rannten die drei Kinder sofort durch die .... am Eingang.

Lisa wollte zuerst zu den ...., weil sie diese Vögel in ihrem schwarzweißen Frack so liebt. Auf dem Weg dorthin kamen sie an den .... vorbei, die müde in der Sonne dösten. Es war wirklich sehr warm und Mama wollte erst einmal frische .... für alle kaufen. Die .... kühlten sich ab, indem sie sich gegenseitig mit Wasser bespritzten. Viele .... blieben hier stehen und lachten über die riesigen, grauen .... Am Affengehege hatte gerade eine Fütterung begonnen. Die .... stritten sich um die ...., die der Zoowärter in das Gehege warf.

Nomen und ihre Endungen

1

Es gibt Nomen, die du an ihren Endungen erkennen kannst. Sie haben am Ende den Wortbaustein **-heit, -keit** oder **-ung.**

Die Kinder bewundern im Museum die Schönheit der alten Bilder. Tina liest die Erklärung unter jedem Bild. Tom ist besonders von der Tapferkeit der Ritter beeindruckt.

Mithilfe dieser Wortbausteine kannst du aus Verben oder Adjektiven (Eigenschaftsworten) Nomen „zaubern“.

faul → Faulheit, wandern → Wanderung

Ganz klar, auch diese „neuen“ Nomen werden großgeschrieben.

2

1. Unterstreiche die Wortbausteine am Wortende farbig.

Schönheit, Wohnung, Tapferkeit, Dummheit, Einsamkeit, Kleidung, Dunkelheit, Erklärung, Freiheit, Meinung, Ausstellung, Müdigkeit, Gesundheit, Schwierigkeit, Klugheit, Geschwindigkeit

2. Schreibe die Nomen mit Artikel in dein Heft. Sortiere sie dabei nach den Endungen.

3. Verbinde Passendes.

Höflichkeit	häufig
Hoffnung	rechnen
Lösung	dunkel
Häufigkeit	lösen
Rechnung	faul
Dunkelheit	höflich
Faulheit	hoffen

4. *Findest du heraus, welche Nomen gemeint sind? Der Wortbaustein „-ung“ hilft dir. Schreibe mit Artikel.*

a) Du kannst sie im Fernsehen anschauen.

....

b) Es tut weh und manchmal blutet es auch.

....

c) Sie hilft dir weiter, wenn du etwas nicht verstehst.

....

TEST 3

Bilde aus den Verben und Adjektiven Nomen und schreibe diese mit dem richtigen Artikel in dein Heft.

verpacken	kleiden	schwierig	retten
dumm	sauber	gemein	üben
traurig	krank	freundlich	wandern
zeichnen	zubereiten	füllen	klar
notwendig	planen	werben	zärtlich

Nomen mit den Wortbausteinen -schaft, -nis und -tum

1

Du hast gelernt, dass man manche Nomen an den **Endungen** **-heit, -keit** und **-ung** erkennen kann. Erinnerst du dich?

- Nomen mit der Endung **-heit** und **-keit** werden aus **Adjektiven** gebildet,
- Nomen mit dem Wortbaustein **-ung** am Ende bildet man aus **Verben**.

Die Wortbausteine **-nis, -schaft** und **-tum** kennzeichnen ebenfalls Nomen (**das Zeugnis, die Freundschaft, das Eigentum**).

1. Bilde Nomen mit der Endung „-heit", „-keit" oder „-ung". Schreibe die Nomen mit dem Artikel auf und unterstreiche die Endung farbig.

2

heizen	
ehrlich	
verletzen	
sicher	
pünktlich	
frei	
einladen	
flüssig	
entschuldigen	

2. Markiere die 14 Nomen farbig, schreibe sie mit Artikel in dein Heft und unterstreiche die Endung.

Z	E	U	G	N	I	S	F	I	A	L	T	E	R	T	U	M
W	R	V	E	B	R	A	R	H	A	V	W	R	E	C	B	A
A	E	D	H	S	R	M	E	K	O	D	E	G	I	E	R	N
C	I	M	E	A	T	M	U	I	L	R	W	E	C	D	E	N
H	G	L	I	S	U	L	N	Z	W	E	X	B	H	N	Z	S
S	N	I	M	F	M	U	D	I	P	D	T	N	T	I	R	C
T	I	Y	N	R	G	N	S	J	N	F	N	I	U	C	X	H
U	S	A	I	A	E	G	C	N	V	C	G	S	M	J	G	A
M	W	R	S	J	Ü	G	H	S	W	Q	M	D	W	L	O	F
J	E	F	H	L	A	U	A	E	I	G	E	N	T	U	M	T
B	O	T	S	C	H	A	F	T	F	T	Z	M	Ö	P	T	P
T	U	Q	H	L	O	R	T	S	C	H	A	F	T	B	D	I

3. Setze die richtige Endung ein.

Das Ergeb................, das Wachs................, die Ort................,
das Gefäng................, die Wissen................ .

4. Verbinde richtig miteinander.

wagen	das Ereignis
ereignen	die Erkenntnis
geheim	das Wagnis
hindern	die Erlaubnis
erkennen	das Geheimnis
erlauben	das Hindernis

3 TEST

Verwandle die Verben und Adjektive aus dem Wortvorrat in Nomen und setze diese an der richtigen Stelle ein.

gesund, freundlich, entdecken, sicher, erleben, einladen, spannend, überraschen

Mit .... haben die Kinder auf den ersten Ferientag gewartet. Opa und Oma hatten ihnen eine .... angekündigt. Am Morgen weckte Opa die Kinder schon sehr früh und rief: „Aufstehen, wir tun heute etwas für unsere ....!“ Nach dem Frühstück stiegen sie ins Auto und fuhren eine Weile, bis sie an den Fluss kamen. Dort machten sie eine tolle .... Am Ufer lag ein Ruderboot! Lisa war etwas ängstlich. Sie hatte noch nie gerudert! Das würde mit .... sehr schwer sein. Aber Opa machte ihr Mut, seine .... beruhigte sie.
Er hatte Recht. Die Bootsfahrt war ein ganz besonderes .... Es wurde ein wunderbarer Tag und die Kinder bedankten sich am Abend für die ....

1 Zusammengesetzte Nomen (Nomen und Nomen)

Nomen können aus verschiedenen Wörtern **zusammengesetzt** werden (**Schulheft, Haustür, Fahrradsattel**).
Viele zusammengesetzte Nomen bestehen aus zwei Nomen. Der Artikel richtet sich immer nach dem letzten Nomen, aus dem das neue Wort zusammengesetzt wurde (**das Schulheft, die Haustür, der Fahrradsattel**).

2

1. Unterstreiche im Text die zusammengesetzten Nomen.

Toms Klasse veranstaltet heute ein Spielefest. Alle bringen etwas mit. Paul hat seinen Fußball in der Sporttasche, Tina hat zwei Tennisschläger dabei, Lisa schleppt ihr Puppenhaus heran, Tim packt zwei Würfelspiele aus, Hanna hat Förmchen für den Sandkasten dabei, Ben spannt ein Gummiseil zwischen zwei Bäume.

2. Welche Nomen passen zusammen? Verbinde diese und schreibe die so zusammengesetzten Nomen mit dem Artikel in dein Heft.

Kleider	Baum
Apfel	Ende
Frage	Buch
Kinder	Stange
Wochen	Zeichen

3. Was gehört nicht dazu? Kreise das falsche Wort ein und bilde aus den restlichen Wörtern zusammengesetzte Nomen. Schreibe sie in dein Heft, überlege dir zu sechs von ihnen einen tollen Satz.

Hunde	Futter	Leine	Küche	Spielzeug
Mond	Schein	Landung	Schrank	Sichel
Klassen	Buch	Nudeln	Arbeit	Feier
Katzen	Baby	Haare	Korb	Rechner

3 **TEST**

Bilde zusammengesetzte Nomen und unterstreiche den Artikel und den hinteren Teil des Wortes.

die Reise die Tasche	die Reisetasche
die Schule das Haus	
die Lampe der Schirm	
die Küche der Tisch	
die Blume der Topf	
die Butter das Brot	
das Tier der Arzt	

1

Zusammengesetzte Nomen (Verb und Nomen)

Zusammengesetzte Nomen können auch aus einem **Verb und einem Nomen** bestehen **(das Lesebuch)**.
Dabei steht das Verb an erster Stelle, das Nomen an letzter. Der Artikel richtet sich wieder nach dem letzten Wortbestandteil (**die Hüpfburg**).
Natürlich werden auch diese zusammengesetzten Nomen großgeschrieben.

Tipp:
Wenn du Nomen aus einem Verb und einem Nomen bildest, fallen Buchstaben weg!

2

1. Welche der folgenden Wörter gehören zusammen? Verbinde sie und schreibe sie mit dem richtigen Artikel in deinem Heft auf.

kochen
schlafen
lesen
turnen
tuschen
kleben
waschen
schreiben

Buch
Tisch
Löffel
Anzug
Becken
Schuh
Stoff
Kasten

2. *Unterstreiche die zusammengesetzten Nomen und schreibe sie getrennt in dein Heft. Achte dabei auf Nomen und Verben.*

Lisa und Tina machen einen Einkaufsbummel. Sie wollen ein Geburtstagsgeschenk für Mama und eine neue Hundeleine für Zottel kaufen. Zuerst gehen sie in ein Schmuckgeschäft. Dort finden sie eine schöne Perlenkette für Mama. Die Verkäuferin packt sie in Geschenkpapier ein. Die Kinder stecken Kette und Wechselgeld ein und gehen weiter in eine Zoohandlung. Sie kaufen eine Leine und etwas Spielzeug für Zottel. Zum Abschluss besuchen sie eine Eisdiele und bestellen sich eine große Trinkschokolade.

3 **TEST**

Welche zusammengesetzten Nomen kannst du bilden, es muss immer „Wasser“ darin vorkommen? Achtung – es wird jetzt schwieriger. Hier werden Nomen und Verben verwendet und du musst auf die richtige Reihenfolge achten.

Fall Hahn Rutsche Regen

trinken **Wasser** baden

Leitung Frosch Tropfen Flasche

1

Zusammengesetzte Nomen – verschiedene Kombinationen

Nomen können aus mehreren Nomen, aus Verb und Nomen oder aus Adjektiv und Nomen zusammengesetzt werden. Der **Artikel** richtet sich stets nach dem Wort, das bei dem zusammengesetzten Nomen an **letzter** Stelle steht. Es wird **Grundwort** genannt.

das Haus, der Schuh → der Hausschuh; turnen, der Schuh → der Turnschuh; bunt, das Papier – das Buntpapier.

2

1. Zerlege die zusammengesetzten Nomen.

WILDSCHWEIN	BUNTSTIFT	HAUSTÜR
KLEIDERSCHRANK	FAHRRAD	SCHWIMMBAD
TIERFILM	SPRECHSTUNDE	DICKKOPF
KARTENSPIEL	REGENWOLKE	TRINKBECHER

2. Setze Nomen zusammen und schreibe sie mit dem richtigen Artikel in dein Heft.
Diese Wörter stehen dir zur Verfügung:

Schild	Schirm	frech	spielen
Regen	Dachs	Feld	Kröte

3. Aus wie vielen Nomen ist dieses Wort zusammengesetzt? Welches ist das Grundwort? Schreibe es mit dem Artikel auf.

Puppenhausbeleuchtungsanlagenverkaufsabteilungsdirektor

4. Hier stimmt etwas nicht! Wie heißen die zusammengesetzten Nomen wirklich?

Hundeeisen
Wintertafel

Schokoladenstiefel
Waffelhütte

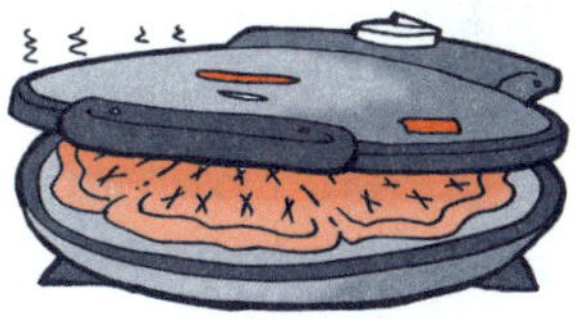

3 TEST

Unterstreiche bei den zusammengesetzten Nomen das Grundwort, füge den richtigen Artikel dazu und schreibe in die letzte Spalte Abkürzungen für die verwendeten Wortarten (N – Nomen, V – Verb, A – Adjektiv).

der	Erdbeerkuchen	N N
	Himmelbett	
	Radiergummi	
	Sonnenaufgang	
	Lautsprecher	
	Märchenbuch	
	Schreibblock	
	Winterstiefel	
	Schwimmbad	

1

Nomen und Pronomen

Pronomen **(Fürworter)** ersetzen in einem Text die Nomen.
Pro bedeutet **für**, sie stehen also **für ein Nomen**:

Die Sonne scheint. → Sie scheint.

Das gilt natürlich auch für Namen:

Tina kommt heim. → Sie kommt heim.

Die Pronomen heißen: **ich, du, er, sie, es, wir, ihr, sie.**
Die Pronomen können auch gebeugt werden: **ich, meiner, mir, mich; du, deiner, dir, dich** und so weiter.

Tipp:
Das Pronomen **sie** erscheint zweimal im Regelkasten. Einmal steht es für die Einzahl, z. B. **die Freundin → sie** und einmal steht es für die Mehrzahl, also für **die Mädchen → sie**.

2

1. Unterstreiche die Pronomen.

Tina, Lisa, Meike und Marie wollen heute ins Schwimmbad fahren. Sie treffen sich um 14.00 Uhr an der Bushaltestelle. Der Busfahrer ist sehr freundlich. Er erklärt genau, wo sie aussteigen müssen. Als er gerade losfahren will, kommt Marie noch angerannt. Sie winkt und ruft, er öffnet die Türen wieder für sie. Sie steigt atemlos ein. „Warum kommst du so spät?“, fragt Tina. „Ich konnte mein Schwimmzeug nicht finden, es lag ganz versteckt in der untersten Schublade. Aber mein Bruder hat mir geholfen, es zu suchen. Er hat es schließlich entdeckt“, erklärt Marie. „Freut ihr euch schon aufs Schwimmen?“ „Na klar“, antworten die Freundinnen. „Wir machen uns einen richtig schönen Tag.“

2. Wofür stehen die Pronomen (siehe Aufgabe 1)? Schreibe in dein Heft.

Sie treffen sich um 14.00 Uhr. **Er** erklärt ganz genau. **Sie** winkt. **Es** lag ganz versteckt. **Er** hat es entdeckt.

3. Ersetze die Namen und sonstigen Nomen durch Pronomen.

Im Schwimmbad treffen die Mädchen noch andere Kinder aus ihrer Klasse.

Tim schwimmt. **Er schwimmt.** ....

a) Laura liest. ....

b) Tom und Ben tauchen. ....

c) Silke kauft Eis. ....

d) Das Baby nebenan weint. ....

e) Die Sonne scheint. ....

f) Der Bademeister pfeift. ....

Verbinde die Pronomen mit den passenden Verbformen. Achtung: Bei einigen Pronomen gibt es mehrere Möglichkeiten.

3 **TEST**

ich	klettert
du	kommt
er	duftet
sie	spielen
es	schwimme
wir	liest
ihr	tauchst

1

Nomen und Präpositionen

Präpositionen sind kleine Wörter, die oft im **Zusammenhang mit Nomen** verwendet werden.
Sie werden auch **Verhältniswörter** genannt (**am, an, auf, aus, bei, beim, im, in, mit, unter, vom, von, vor, zum, zur, zwischen**).

Lisa sitzt am Schreibtisch und Zottel liegt unter dem Tisch.

Manche Präpositionen setzen sich aus mehreren Wörtern zusammen, da sind die eigentliche Präposition und ein Artikel (Begleiter) miteinander verschmolzen:

am Fluss = an dem Fluss, beim = bei dem, im = in dem, vom = von dem, zum = zu dem.

2

1. Zeichne die Wortgrenzen ein, markiere die Präpositionen farbig und schreibe sie in dein Heft. Bilde dann mit jeder Präposition einen Satz.
Es dürfen auch Quatschsätze sein.

HAUSOPAZWISCHENRECHNENSTUHLANNUSSMIT
KISTELESENZURAUTOVOMBUCHSOFALACHENVOR
LISABEIMRUNDAUFSCHULEAUSHEIZUNGZUMSTUHL
AMSPIELENBEIESELVONSCHATZINWITZUNTER
MONTAGIMSPIEGEL

2. Unterstreiche im Text die Präpositionen und das danach stehende Nomen. Achtung: Manchmal sind es mehrere Wörter. Schreibe dann in dein Heft: im Schwimmbad, auf der Decke …

Die Kinder haben im Schwimmbad viel Spaß.
Lisa liegt auf der Decke und liest.
Der Bademeister steht beim Kinderbecken und passt auf.
Tom springt vom Sprungturm ins Wasser.
Jonas steht am Kiosk und kauft ein Eis.

Charlotte sitzt auf der Bank und sieht den Schwimmern zu.
Carla sucht zwischen den Handtüchern nach ihrer Uhr.
Tina spielt mit Tim und Jana Fußball.
Zottel sitzt vor dem Eingang und wartet auf die Kinder.

3. Zerlege.

im = ...; zum = ...; am = ...

3 **TEST**

Setze passende Präpositionen ein.

Tina, Marie und zwei andere Mädchen stehen schon .... der Bushaltestelle, als die anderen Kinder .... ihrer Klasse sich .... Fahrradständer treffen. Sie verstauen ihre Taschen .... dem Gepäckträger und treten kräftig .... die Pedale. .... Losfahren ruft Sarah: „Lasst uns .... dem Fahrradweg fahren, das ist viel sicherer!“ Lisa ist auch dabei. Sie fährt .... Tom am Anfang der Gruppe. Zottel läuft .... ihren Fahrrädern. Bald sind sie .... Stadtrand angelangt. Die ersten Kinder verabschieden sich .... der Gruppe und biegen .... ihre Straßen ein. Es war ein schöner Tag, bald werden sie müde .... ihrer Bettdecke liegen und .... Meer träumen.

2. Verben

1

Verben und ihre Grundform

- **Verben** (Tuwörter, Tunwörter) **zeigen an, was jemand tut oder was geschieht.**
- Im Satz **„Dimitri spielt Handball.“** ist das Wort **spielt** das Verb.
- Verben werden **kleingeschrieben**.
- Verben haben eine **Grundform**. Du erkennst die Grundform daran, dass sie fast immer auf **-en** endet:
  malen, spielen, laufen …

Tipp:
Setzt du in Gedanken das Wörtchen **wir** davor, hast du ganz automatisch die Grundform des Verbs gefunden: **wir gehen**, **wir reiten**, **wir malen**.

2

1. Nenne die Grundform.

ich laufe, du schwimmst, er malt, ich hole, er bellt, du kaufst, sie lernt, wir rennen, es schneit, sie sagt, ihr geht, wir rufen, du entdeckst, sie fährt, ich baue, es regnet.

……………………………………………………………………………

……………………………………………………………………………

……………………………………………………………………………

……………………………………………………………………………

……………………………………………………………………………

……………………………………………………………………………

……………………………………………………………………………

……………………………………………………………………………

*2. Unterstreiche die Verben.
Wie heißt die Grundform der Verben?*

Schreibe so in dein Heft:
Lisa liest – lesen …

Alle sind fleißig!
Lisa liest in ihrem Lieblingsbuch, Papa kocht Spaghetti, Mama streicht den Zaun, Onkel Paul repariert das Fahrrad, Tim übt mit seinem Freund für die Mathearbeit, Opa baut ein Vogelhaus, Tina näht ein Kuscheltier, Tante Kunigunde putzt die Fenster, Zottel schläft und träumt von der Nachbarskatze.

3. Verbinde die zusammengehörigen Grund- und Personalformen und schreibe sie anschließend in dein Heft.

gehen	sie schläft
erzählen	ich lache
schlafen	du gehst
rennen	wir finden
finden	sie erzählen
lachen	er rennt

Verben

Tipp:

Achtung, Ausnahme!
Es gibt einige Verben, deren Grundform nicht mit **-en** endet.
Dazu gehören zum Beispiel:
ärgern, gruseln, basteln, wickeln, kichern, zaubern, sammeln, meckern, flüstern, klettern, füttern, schütteln.

Aber auch hier kannst du die Grundform finden, indem du das Wörtchen **wir** davorsetzt: **wir** zaubern, **wir** meckern, **wir** füttern.
Probiere es aus, überlege dir dann zu jedem dieser Verben einen Satz.

4. Setze die richtigen Verbformen in die Tabelle ein.

	lernen	*schreiben*	*rechnen*
ich			
du			
er/sie/es			
wir			
ihr			

5. Und hier noch ein zweiter Anlauf …

	basteln	*schneiden*	*kleben*
ich			
du			
er/sie/es			
wir			
ihr			

3 TEST

Unterstreiche das Verb und finde die richtige Grundform.

Beispiel: Die kleine Ziege im Zoo <u>meckert</u>. meckern

a) Papa bastelt den ganzen Tag am Auto herum.

....

b) Oma kocht aus den Erdbeeren Marmelade.

....

c) Zottel frisst am liebsten kleine Würstchen.

....

d) Lisa und ihre Freundin gruseln sich im dunklen Garten.

....

e) Opa sammelt schon seit vielen Jahren Briefmarken.

....

f) Tom geht jeden Mittwoch mit Jonas und Paul zum Fußball.

....

g) Mama ärgert sich über das Durcheinander im Kinderzimmer.

....

h) Tina flüstert und kichert im Kino mit ihrer Freundin.

....

i) Papa und Tim klettern in den Apfelbaum.

....

Verben

1 Wortstamm und -endung (Wiederholung: Pronomen)

Wenn wir über Verben reden, benutzen wir die **Nennform** der Verben. Beispiel: **Verben sind: reden, gehen, stehen, schreiben ...**
Die Nennform ist gleichzeitig die **Grundform** eines Verbs. „**reden**" ist also die Nennform und die Grundform des Verbs, das in Sätzen so verwendet wird: **Ich rede, du redest, er/sie/es redet, wir reden ...**

Wenn du jetzt die Nennform **reden** und die **Personalformen rede, redest, redet, reden** vergleichst, siehst du, dass Verben einen **Wortstamm** haben und **Wortendungen**.
red- ist der Wortstamm (der Teil des Verbs, der gleich bleibt); **-en, -e, -est, -et** sind die Wortendungen (die Teile, die sich ändern).
Die Wortendung ist abhängig von dem davorstehenden Nomen oder Pronomen.

	Wortstamm	*Wortendung*
ich	red	e
du	red	est
er, sie, es	red	et
wir	red	en
ihr	red	et
sie	red	en

Weißt du noch? Pro bedeutet **für**. **Pro**nomen stehen also **für** ein Nomen.
- Pronomen sind **ich, du er/sie/es, ihr, wir, sie.**

2

1. Finde das passende Pronomen, schreibe dann die Grundform des Verbs auf.

Tom geht heute mit seinem Freund Mark in die Zoohandlung. Die beiden wollen Futter für Toms

Meerschweinchen kaufen. Als sie die Tür öffnen, kommt ihnen ohrenbetäubender Lärm entgegen:

Der Papagei ruft.	**er ruft**	**rufen**
a) Der Rabe krächzt.	....	....
b) Der Hamster pfeift.	....	....
c) Der Hund bellt.	....	....
d) Die Ziege meckert.	....	....
e) Die Katze miaut.	....	....
f) Die Affen schreien.	....	....
g) Der Fisch blubbert.	....	....
h) Die Maus piepst.	....	....

Der Zoohändler schimpft: „Das hält ja kein Schwein aus!“

2. Bilde die richtige Personalform.

laufen	ich
gehen	du
schleichen	wir
hüpfen	sie
springen	du

schleichen	er
fliegen	sie
fallen	ihr
rennen	er
humpeln	sie

Hast du bemerkt, zu welchem Wortfeld all diese Verben gehören?

Verben

3. Finde zu der Grundform in Klammern die richtige Personalform.

Zottel im Park

Heute (gehen) .... Lisa mit Zottel in den Park. Zottel (lieben) .... solche Ausflüge. Er (zerren) .... an der Leine und (können) .... es kaum erwarten. Als sie an der großen Wiese (ankommen) ...., (lösen) .... Lisa die Leine. Zottel (springen) .... vor Freude um sie herum. Er (jagen) .... hin und her. Sofort (finden) .... er ein Stöckchen und (bringen) .... es zu Lisa. Lisa (holen) .... aus und (werfen) .... den Stock weit weg. Zottel (rennen) .... hinterher.

Dann (treffen) .... sie Nico, den Schäferhund von nebenan. Nico (bellen) .... und (begrüßen) .... Lisa und Zottel voller Freude. Die Hunde (spielen) .... eine Weile zusammen, dann (laufen) .... Nico zu seinem Herrchen zurück. Am Abend (schleichen) .... Zottel müde hinter Lisa her nach Hause.

4. Streiche Verben mit falschen Endungen durch.

Zottel belle. Lisa erschrickt. Beide rennt weg.

5. Wie heißen die Endungen?

Tina leih....... ein Buch aus. Sie bereit....... ein Referat vor und brauch....... Informationen über Tiere in Afrika. Opa und Mama helf....... ihr. Sie arbeit....... viele Stunden. Tom sag.......: „Du mach....... das ganz prima. Ich bewunder....... dich.“ Tina strahl........

3 TEST

Na, hast du genug geübt? Dann setze jetzt die richtige Verbform in die Tabelle ein:

schreiben	er ....
....	ich arbeite
....	du erklärst
zeichnen	Tina ....
....	wir überlegen
lesen	Paul ....
....	sie bastelt
rechnen	Jule ....

Verben

1

Verben im Präsens (Gegenwart)

Die **Gegenwart** ist die Zeit, die beschreibt, was **jetzt gerade passiert**. Ein anderer Name für diese Zeitform ist das **Präsens**.

Es ist sieben Uhr.
Der Wecker klingelt und Lisa wacht auf.

2

1. Unterstreiche im Text die Verbformen in der Gegenwart.

In der Grundschule ist heute Kunst-Projekttag. Tom und Lisa freuen sich sehr. Herr Kauffeld, ein bekannter Maler, besucht heute ihre Schule. Eigentlich lebt er in Berlin.
Alle Kinder kommen in der großen Halle zusammen. Herr Kauffeld zeigt einige seiner Bilder und erzählt viel über seine Arbeit. Die Kinder hören interessiert zu und stellen ihm viele Fragen.
Danach besucht Herr Kauffeld jede Klasse für sich.
In Toms Klasse erwarten ihn die Kinder schon ganz aufgeregt. Auf jedem Tisch liegt schon Papier, der Tuschkasten ist vorbereitet. Herr Kauffeld malt mit den Kindern. Er hilft ihnen beim Mischen der Farben und gibt ihnen Tipps. Schließlich verrät er ihnen noch einige Tricks aus seiner Malerwerkstatt. Er bewundert die Bilder, die in der Klasse hängen, und redet lange mit den Kindern.
Schließlich kommt noch der Fotograf der Tageszeitung und macht Aufnahmen von der gemeinsamen Arbeit. Er bittet die Kinder um einen Bericht. Das machen die Kinder gern. Zwei Tage später lesen sie ihren eigenen Text tatsächlich in der Zeitung und staunen über das gelungene Foto.

2. Schreibe die Verben mit der dazugehörigen Grundform in dein Heft. Du darfst die Sätze mit „ist“ weglassen.

3. *Welches ist eine Gegenwartsform? Male an.*

Tina geht	ich habe gegessen	Papa kochte	sie bastelt
Oma kommt	wir bauen	du arbeitest	ich schrieb
Ben malte	Mama zeichnet	Simon fuhr	Tina telefoniert

3 TEST

Welche Verben passen?

möchte **öffnet** **hat** **sucht aus** **zählt**
kauft **nehmen** **geht** **überlegt** **darf**
fragt **malt** **zeichnet** **bewundert**

Seit Herr Kauffeld in der Schule war, ... Tom einen neuen Berufswunsch. Er .... später gern ein berühmter Maler sein. In seinem Zimmer .... er sein Sparschwein und .... sein Geld. Dann .... er in das Schreibwarengeschäft am Markt und .... sich einen neuen Farbkasten .... Er .... noch einen ganz besonders feinen Pinsel und .... lange, welches Papier er wohl .... soll. Jetzt .... und .... Tom jeden Tag. Er .... seine Eltern, ob er dienstags zu einem Kinderkurs in der Kunstschule gehen .... Lisa .... ihren Bruder sehr.

Verben

1

Verben in der 1. Vergangenheit

Verben können verschiedene Vergangenheitsformen haben. Die **1. Vergangenheitsform (Präteritum)** wird verwendet, wenn man über etwas schreibt, das schon geschehen ist.

Gestern ging ich ins Kino. Ich sah einen spannenden Film.

2

1. Verbinde die Verben, die zusammengehören.

finden	wir ritten
reiten	sie baute
lesen	er fand
bauen	sie lasen

2. Unterstreiche die Verben.

Gestern wollten Tom und Lisa ihre Familie überraschen. Sie schlichen frühmorgens in die Küche und machten das Frühstück. Lisa holte Butter, Milch und Joghurt aus dem Kühlschrank und stellte alles auf das Tablett. Sie legte Käse und Wurst auf einen Teller. Tom deckte den Tisch. Dann rief er nach Zottel, nahm ihn an die Leine, und beide gingen zum Bäcker. Dort kaufte er frische Brötchen. Als er die Haustür öffnete, duftete es schon nach frischem Kaffee und nach Kakao. Zottel bellte laut und weckte so den Rest der Familie auf. Alle freuten sich sehr über die gelungene Überraschung.

Tipp:
Wenn du nicht mehr weißt, was die Grundform ist, kannst du schnell auf die Seiten 28 bis 31 sehen.

3. Schreibe die Verben aus Aufgabe 2 mit der Grundform in dein Heft. Benutze dazu Pronomen. Lasse den ersten Satz dabei aus.

Beispiel: Sie wollen – wollen.

4. Unterstreiche im jeweils ersten Satz das Verb und setze im zweiten Satz die richtige Vergangenheitsform ein.

a) Heute trägt Lisa einen roten Pullover.

Gestern .... sie ihr blaues Kleid.

b) Heute geht sie mit Zottel in den Park.

Gestern .... sie mit ihm am Fluss entlang.

c) Heute trifft sie sich mit ihrer Freundin Pauline.

Gestern .... sie sich mit Ole und Lukas.

d) Heute gibt es Spaghetti und Tomatensoße.

Gestern .... es Rührei mit Spinat.

e) Heute hat sie sehr viele Hausaufgaben auf.

Gestern .... sie nur Aufgaben in Mathematik.

5. Wenn du die folgenden Wortpaare vergleichst, was fällt dir dann auf? Schreibe in dein Heft.

gehen – ging, lesen – las, hüpfen – hüpfte, bauen – baute

6. Kreise die 1. Vergangenheitsform ein.

ich gehe er fuhr sie reiten du kochst sie gab
er unterstützte ich verschenkte sie möchte du gehst
wir erklärten sie öffnete wir malen er stolperte

7. Du erinnerst dich an die Grund- und die Personalformen der Verben? Jetzt sollst du auch die 1. Vergangenheitsform finden.

Grundform	*Gegenwart*	*Präteritum*
holen	ich hole	ich holte
malen		
		er arbeitete
	sie kauft	
		wir kochten
	du spielst	
lesen		ich las
	ihr schreibt	

3 TEST

Setze die richtige Vergangenheitsform ein.

Oma und Opa erzählen von früher

Als wir klein waren, ... wir in einem kleinen
(leben)

Dorf. Oma .... drei Schwestern.
(haben)

Opa und seine Familie .... auf einem
(wohnen)

Bauernhof am Rande des Dorfes. Wir Kinder

.... uns fast jeden Tag.
(treffen)

Wir .... auf der großen Wiese
(spielen)

hinter dem Haus, im Sommer .... wir im
(schwimmen)

Dorfteich. Am Abend .... wir, die Tiere in
(helfen)

den Stall zu bringen, das .... sehr viel Spaß.
(machen)

Einmal .... uns eine kleine Ziege weg.
(laufen)

Den ganzen Abend .... wir nach ihr,
(suchen)

schließlich .... wir sie im Hühnerstall.
(entdecken)

Da .... wir erleichtert.
(sind)

Verben

1

Verben in der 1. Vergangenheit – 2

Die **1. Vergangenheit** heißt **Präteritum**.

Ich ging.

Man benutzt es hauptsächlich in der geschriebenen Sprache, in der gesprochenen Sprache verwendet man häufig das **Perfekt**.

Ich bin gegangen.

2

1. Setze das Präteritum ein.

ich komme	
er gibt	
sie schläft	
wir wandern	
sie graben	
das Baby isst	

2. Lisa, Tom und Tina kochen gern. Letzte Woche haben sie für die ganze Familie Spaghetti zubereitet. Schreibe den Text in der 1. Vergangenheit in dein Heft. Du kannst dir helfen, wenn du zuerst die Verben unterstreichst.

Tina nimmt das Kochbuch. Sie schlägt die Seite mit dem Rezept für Spaghetti mit Tomatensoße auf. Tom öffnet den Kühlschrank und stellt alle Zutaten auf den Küchentisch. Lisa bindet sich Mamas große Schürze um. Es kann losgehen. Tom gießt Wasser in den großen Kochtopf und streut Salz hinein. Lisa schneidet Zwiebeln und Tomaten und Tina stellt die Pfanne auf den Herd. Darin wird das

Hackfleisch mit den Zwiebeln angebraten, später schüttet Lisa die Tomatenstücke dazu. Inzwischen kocht das Wasser, Tom gibt vorsichtig die Nudeln hinein. Nun stellt er den Küchenwecker auf neun Minuten ein. Die Soße duftet schon sehr gut. Lisa rührt sie sorgfältig um. Der Küchenwecker klingelt. Die Nudeln sind gut! Tina hilft Tom dabei, das Wasser abzugießen, und schmeckt die Soße ab. Lecker! Lisa deckt den Tisch, Tom reibt noch etwas Käse. Das Essen ist fertig!

3. Wie heißt die Grundform? Schreibe in dein Heft.

Ich fand. Er ging. Sie hob. Wir aßen.

Setze richtig ein.

3 **TEST**

dachte **lief über** **fiel** **kochte**
stürzte sich **ging** **freute sich** **brannte an**
schimpfte **las**

Gestern .... Tom Pudding. Zuerst .... er das Rezept genau. „Alles klar“, ... er. Aber dann .... alles schief. Die Milch ...., der Pudding ...., schließlich .... auch noch die Schüssel zu Boden. Tom .... laut. Zottel aber .... und .... auf die süße Masse am Boden.

Verben

1

Unregelmäßige Verben

Du hast gelernt, dass die Vergangenheitsform vieler Verben gebildet wird, indem der Wortstamm mit verschiedenen Wortbausteinen kombiniert wird **(hüpfen – hüpfte)**.
Es gibt aber auch Verben, bei denen das **nicht** so ist. Diese werden **unregelmäßige Verben** genannt.
Du musst sie dir gut merken und ihre Schreibweise besonders trainieren.

ich gehe – ich ging – ich bin gegangen

2

1. Verbinde Grundform und Vergangenheitsform miteinander. Markiere die Verben farbig, deren Vergangenheitsform nicht mit „-te“ endet.

schneiden	ich raste
rechnen	sie las
schreiben	ich malte
tippen	sie fand
lesen	sie rechnete
malen	er schnitt
rasen	ich tippte
finden	er schrieb

2. Setze passende Verben ein.

Heute hat Mama mir die Haare ....

Im Briefkasten habe ich einen Brief ....,

den meine Kusine mir .... hat.

Ich habe ihn gleich drei Mal ....

3. Was ist richtig? Streiche Falsches durch.

a) Zottel zog/aß/bekam ein neues Halsband.
b) Lisa kroch/erschrak/schwamm durch ein lautes Geräusch.
c) Tom nahm/schrie/lief ein Buch aus dem Regal.

4. Setze die Reihe fort.

Ich gehe – ich ging – ich bin gegangen

a) ich laufe – ich lief – ....

b) sie leidet – sie litt – ....

c) er wäscht – er wusch – ....

Wie heißen die Vergangenheitsformen? Setze richtig ein. Wenn du dir unsicher bist, benutze ein Wörterbuch.

3 TEST

Grundform	*1. Vergangenheit (Präteritum)*
schwimmen	ich
gehen	du
fahren	er
kommen	sie
trinken	das Baby
schlafen	wir
sprechen	sie
stehen	ihr

Verben

1

Verben in der 2. Vergangenheit (Perfekt)

Verben können verschiedene Vergangenheitsformen haben.
Die 2. Vergangenheitsform oder das **Perfekt** wird verwendet, wenn etwas beschrieben wird, das **schon geschehen** ist. Das Perfekt wird in der gesprochenen Sprache häufig verwendet.
Es setzt sich stets aus zwei Teilen zusammen.

Gestern habe ich meine Freunde getroffen.
Wir haben zusammen Fußball gespielt.
Gestern sind wir ins Kino gegangen.

Das Perfekt wird mit Formen der Hilfsverben **haben** und **sein** gebildet.

2

1. Verbinde die Verbenformen, die zusammengehören.

träumen	wir sind gegangen
turnen	er hat geschrieben
gehen	sie sind gelaufen
fahren	ich habe geträumt
schreiben	sie hat geturnt
laufen	du bist gefahren

2. Vervollständige sinnvoll.

Heute schreibe ich eine E-Mail an meine Schwester,

gestern .... ich einen Brief an meinen Bruder

....

3. Ergänze die Verbformen.

haben
ich habe
du
er, sie, es
wir
ihr
sie

sein
ich bin
du
er, sie, es
wir
ihr
sie

4. Unterstreiche die Vergangenheitsformen.

Die Kinder in Toms Klasse haben gestern Besuch bekommen. Zwei afrikanische Kinder haben ihnen von ihrer Heimat erzählt. Zuerst haben sie den Kindern auf der großen Landkarte gezeigt, wo Kamerun liegt. Sophia hat viele Fotos mitgebracht. Sie hat ihnen darauf die Wohnhäuser ihres Dorfes und die Schule gezeigt. Dodo und Sophia haben auch ihren Stundenplan vorgelesen. Anschließend hat Dodo viel vom Unterricht berichtet, er hat auch von den strengen Lehrern erzählt. Dodo hat extra das Fußballtrikot seiner Schulmannschaft angezogen. Mittags ist Sophias Mutter in die Schule gekommen. Sie hat mit den Kindern ein afrikanisches Gericht gekocht. Danach haben alle gemeinsam gegessen.

Verben

5. Bilde die richtigen Vergangenheitsformen.

Grundform	*Präteritum*	*Perfekt*
suchen	ich suchte	ich habe gesucht
reisen		
finden		
gehen		
arbeiten		
sprechen		
wandern		
sehen		
fahren		

6. Setze die angegebenen Verben im Perfekt ein.

Tina und Tom .... ihren Atlas aus dem Regal .... (holen). Sie .... als Erstes Afrika .... (suchen). Tina .... Kamerun gleich .... (entdecken). Tom .... sich .... (erinnern), dass Jaunde die Hauptstadt von Kamerun ist.

3 TEST

Unterstreiche das Verb und setze den Text in die 2. Vergangenheit.

a) Lisa und Pia treffen sich am Nachmittag.

....

b) Sie fahren mit den Inlinern in den Park.

....

c) Dort drehen sie eine große Runde um den See.

....

d) Zottel läuft immer neben ihnen her.

....

e) Plötzlich bleibt er stehen.

....

f) Er schaut nach oben und bellt laut.

....

g) Die beiden Mädchen wundern sich.

....

h) Dann sehen auch sie die kleinen Eichhörnchen.

....

Verben

1

Verben im Futur (Zukunft)

Das **Futur** ist die Zeitform, die beschreibt, was **in der Zukunft** passieren wird. Auch diese Zeitform besteht aus zwei Teilen.
Das Futur wird mit dem Wort **werden** gebildet.

Wir werden im Sommer ans Meer fahren.
Ich werde dann jeden Tag schwimmen.

2

1. Frau Schöllchen hat den Kindern heute von einem Malwettbewerb erzählt, an dem die Klasse teilnehmen wird. Das Thema lautet: Unsere Zukunft – wie werden wir in fünfzig Jahren leben? Die Kinder haben eine Menge Ideen. Sie rufen alle durcheinander.
Unterstreiche in der Aufzählung die Verbformen.

Ich werde in England leben.

Wir werden mit Mini-Computern arbeiten.

Die Autos werden von selbst wissen, wohin sie fahren sollen.

Schon ganz kleine Kinder werden ein Handy haben.

Es wird jeden Tag ein Raumschiff zum Mond starten.

Ich werde in fünfzig Jahren 56 Jahre alt sein.

Die Züge werden noch viel schneller fahren.

Die Kinder werden in der Schule automatisch lernen.

Ein Roboter wird ihnen das Lesen beibringen.

Ich werde ein berühmter Taucher sein.

Der Herd wird selbstständig mein Lieblingsessen zubereiten.

2. Vervollständige die Tabelle.

Präteritum	Präsens	Futur
ich schwamm		
	er tanzt	
sie öffnete		

3. Welche Zukunftspläne hast du? Schreibe drei Dinge auf.

Im nächsten Jahr werde ich ....

....

....

3 TEST

Bilde zu diesen Verben die Zukunftsform.

Alle freuen sich auf den Urlaub!

herumstromern	Zottel ...wird herumstromern....
lange schlafen	Papa ....
Fahrrad fahren	Opa ....
einen Krimi lesen	Mama ....
angeln	Onkel Paul ....
mit Zottel spielen	Tom ....
viel telefonieren	Tina ....
am Strand spielen	Lisa ....

3. Adjektive

1 Adjektive (Wiewörter/Eigenschaftswörter)

Adjektive (Wiewörter/Eigenschaftswörter) beschreiben Menschen, Tiere, Pflanzen oder Dinge genauer.
Sie zeigen an, **wie** etwas ist.

Wie ist der Vogel?
Er ist **bunt, klein, niedlich, neugierig, hungrig, flink**.

Auch Farben zählen zu den Adjektiven (**Wie** ist der Himmel? Er ist **blau**.)

Adjektive werden immer **kleingeschrieben**.

Adjektive stehen oft zwischen Artikel und Nomen (der **kleine** Junge, eine **gelbe** Ente).
Steht ein Adjektiv **vor** einem Nomen, **verändert es sich am Ende des Wortes**.

Der Vogel ist **klein**, der **kleine** Vogel, ein **kleiner** Vogel, ein **kleines** Vögelchen, die **kleinen** Vögel, mit einem **kleinen** Vogel.

2

1. Hier sind zehn Adjektive versteckt. Unterstreiche sie und schreibe sie mit einem passenden Nomen in dein Heft.

MONTAG DICK ARBEITEN DUNKEL HASE
STARK GAST KURZ TELEFON WICHTIG
LESEN GUT SAND GEMÜTLICH ZELT
SCHREIBEN MUSEUM TRAURIG BLÄTTER
SCHNELL TULPE SALZIG FREUND TORTE

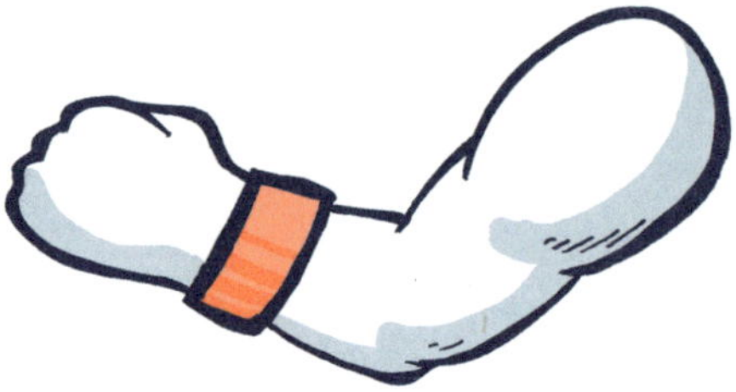

2. *Hier sind zehn Adjektive versteckt. Markiere sie farbig und schreibe sie in dein Heft. Finde zu jedem Adjektiv ein passendes Nomen und schreibe so: Wie ist das Buch? Es ist spannend.*

r	o	t	i	u	g	z	k	s	w
t	z	s	h	b	u	ö	a	f	a
p	e	b	u	n	t	v	l	h	r
s	a	v	s	i	a	w	t	r	m
t	f	a	m	u	t	i	g	i	i
y	b	h	e	l	h	o	c	h	t
s	o	n	n	i	g	p	h	t	q

3. *In Tinas Klasse ist heute Haustiertag. Viele Schüler haben ein Tier mitgebracht. Auf der Wiese neben dem Schulhof herrscht ein buntes Durcheinander. Unterstreiche jeweils die drei Adjektive, die zu den Tieren passen.*

Sörens Papagei	**Lisas Hund**	**Annes Kaninchen**
spät	kariert	vergesslich
laut	groß	kuschelig
steinig	hungrig	ängstlich
lustig	freundlich	weich
bunt	leer	eckig

Adjektive

Lauras Katze	Tinas Hamster	Pauls Goldfisch
müde	schmusig	glänzend
sonnig	dreieckig	nass
geblümt	niedlich	flauschig
aufmerksam	grün	fleißig
süß	munter	kühl

Leas Maus	Toms Meerschweinchen	Sinas Pony
rosarot	jung	gesund
flink	hoch	klug
krumm	weich	festlich
klein	flüssig	bitter
grau	neugierig	lieb

4. In diesen Adjektiven sind weitere sechs Adjektive versteckt. Findest du sie? Zwei der zu entdeckenden Wörter werden sehr selten verwendet. Sei ein echter Detektiv und verwende das Wörterbuch, falls es nötig ist.

dreckig .... schlecht ....

entbehrlich .... schlau ....

grau .... krank ....

5. Ordne den Nomen ein passendes Adjektiv zu. Markiere die Endungen der Adjektive farbig.

groß — der große Riese

grün — die .... Gießkanne

schnell — ein .... Sportwagen

rund — der .... Mond

klein	die	Katzenbabys
kariert	die	Wolldecke
gesund	ein	Frühstück
gut	die	Freundin
alt	ein	Karton
rot	die	Kirschen

6. Jetzt machen wir es noch ein bisschen schwieriger, ergänze auch die Artikel.

spannend	....	Film
freundlich	....	Mensch
interessant	....	Buch

Unterstreiche die zehn Adjektive im Text.

3 **TEST**

Rachida hat ein neues Fahrrad bekommen. Es hat einen blauen Rahmen, einen sportlichen Lenker, einen schwarzen Sattel und eine laute Klingel.

Der Gepäckträger ist stabil, die Bremsen sind kräftig und das Fahrrad hat eine gute Gangschaltung. Christian beneidet Rachida um die glänzenden Pedale mit den gelben Reflektoren.

Rachida probiert das Fahrrad sofort aus und braust damit um die Kurven.

Adjektive

1

Adjektive (Wiewörter/Eigenschaftswörter) – 2

Adjektive (Wiewörter/Eigenschaftswörter) beschreiben Menschen, Tiere, Pflanzen oder Dinge genauer.
Sie zeigen an, **wie** etwas ist.
Adjektive werden immer kleingeschrieben.
Adjektive können nicht nur Dinge, sondern auch Menschen und ihre Gefühle genauer beschreiben.

Das Kind ist fröhlich.
ein fröhliches Kind

2

1. Tom geht gerne auf Flohmärkte. Da gibt es viele Dinge. Stelle dir die Gegenstände vor.

Schreibtischstühle
Kataloge
Plattenspieler
Kaffeetassen
Puppenhäuser
Handtuchhalter
Sofakissen
Küchenwecker
Spielzeugautos
Pelzmäntel
Schraubenzieher
Fahrradreifen
Tagebücher
Edelsteine

2. Welche dieser Adjektive passen zu den Flohmarktartikeln? Es dürfen auch witzige Zuordnungen sein. Schreibe zehn davon in dein Heft, unterstreiche dabei das Adjektiv.
Schreibe so: ein alter Katalog.

alt	kuschelig	grün	kaputt	witzig
schwer	praktisch	dick	leicht	lang
kalt	sonnig	eckig	rosarot	zart
dunkelgrün	hoch	gemütlich	preiswert	rund
billig	gestreift	stabil	modern	lustig

3 **TEST**

In Lisas Klasse arbeitet seit den Ferien eine neue Referendarin. Frau Schöllchen erzählt ihr ein wenig von den Kindern.
Setze die passenden Adjektive ein.

laut – still – hilfsbereit – lustig – müde – fleiβig – wild – sportlich – aufmerksam

Lina ist sehr ...., sie geht dreimal in der Woche zum Turnen.

Frederik ist ein .... Junge, er bringt immer alle zum Lachen.

Lena ist sehr ...., sie kümmert sich gern um Kinder, die traurig sind.

Mark ist eigentlich immer ...., er hätte am liebsten ein Bett im Klassenzimmer.

Charlotte und Pia sind sehr ...., sie lernen jeden Nachmittag zusammen.

Marlene ist sehr ...., manchmal bemerkt man gar nicht, dass sie da ist.

Paul ist sehr ...., er passt im Unterricht prima auf.

Jonas spricht sehr ...., man hört seine Stimme fast überall.

Sören, Jan und Thea sind am ...., sie toben gern im Klassenzimmer.

1

Adjektive, die aus Nomen abgeleitet werden

Viele Adjektive werden von **Nomen** abgeleitet.
Man erkennt sie an ihren **Endungen**. Sie haben den Wortbaustein **-ig, -lich, -isch** oder **-end** am Wortende:

das Glück – glücklich, die Freude – freudig, die Wut – wütend.

Manche Nomen müssen dabei im Wortstamm etwas verändert werden (siehe **Wut – wütend**).
Weitere Beispiele sind:

die Ruhe – ruhig, die Stadt – städtisch, der Spott – spöttisch.

Tipp:
Hier musst du besonders darauf achten, dass die Adjektive kleingeschrieben werden.

2

1. Findest du auch zu diesen Nomen das passende Adjektiv? Denk daran, du musst das Wort etwas verändern und du schreibst es natürlich am Wortanfang ....

der Hunger	
die Angst	
die Wut	
die Gefahr	

2. *Bilde zu diesen Nomen das passende Adjektiv.*
Unterstreiche die Endungen.

die Sonne ....

der Freund ....

der Ärger ....

der Mut ....

der Schreck ....

der Glanz ....

3 **TEST**

Unterstreiche alle Adjektive.

Gestern war ein sonniger und warmer Tag. Daher konnten wir ins städtische Schwimmbad gehen. An der Kasse saß diesmal leider die unfreundliche Frau Kasper, die in unserer Straße wohnt. Und auch da schimpft sie immer über alle Kinder und bellende Hunde. Frau Kasper kassierte von meinem großen Bruder den vollen Eintrittspreis, da er seinen Schülerausweis vergessen hatte. So blieb uns nicht genug Geld, um leckeres Eis zu kaufen. Mein darüber wütender Bruder beruhigte sich allerdings wieder, weil er sah, dass seine wirklich nette Mitschülerin Asya auf der schattigen Seite der Liegewiese lag. Das war doch eine freudige Überraschung. In die ist er nämlich verliebt. Ja, mein glücklicher Bruder.

1

Adjektive, die aus Nomen abgeleitet werden – 2

Adjektive bezeichnen, **wie** etwas ist.
Sie werden immer kleingeschrieben.

Viele Adjektive werden von Nomen abgeleitet.
Man kann diese oft an ihren Endungen erkennen:
-ig, -isch, -lich, -end, -los.

2

*1. Ordne den Nomen das passende Adjektiv zu.
Markiere den Wortstamm, der bei beiden Wörtern (fast) gleich bleibt, farbig.*

die Neugier	stürmisch
die Vorsicht	fleißig
der Mut	neugierig
die Hilfe	mütterlich
die Mutter	mutig
der Sturm	hilflos
der Fleiß	vorsichtig

2. Unterstreiche die Adjektive.

hundrundlöffelkindsauberdienstagmüdeaberstarkbananeleer

3. Schreibe die Adjektive aus Aufgabe 2 zusammen mit einem passenden Nomen in dein Heft.

3 TEST

Setze die Adjektive in den Text ein. Denke daran, dass du die Grundform verändern musst.

Tom und seine Freunde wollen im Garten ein (neu) .... Baumhaus errichten. Sie fragen dazu den (freundlich) .... Herrn Schubert von nebenan, ob er vielleicht noch (alt) .... Bretter für sie hat. Herr Schubert nimmt die Jungen mit auf einen (dunkel) .... Dachboden. Da liegen (lang) .... und (kurz) .... Bretter, (krumm) .... Holzleisten und in der Ecke steht ein (riesig) .... Korb, in dem (unterschiedlich) .... Holzreste aufbewahrt werden. Pit entdeckt eine (stabil) .... Leiter, die (rot) .... gestrichen ist. Daneben liegt ein (dick) .... Tau, das die Jungen als Kletterseil verwenden könnten. Herr Schubert schaut in die (glücklich) .... Gesichter der vier Freunde und sagt: „Toll, dass ich euch helfen konnte."

1

Adjektive sind gut, um zu vergleichen

Adjektive sind wichtig, wenn man etwas beschreiben möchte. Eine Beschreibung wird durch die Verwendung von Adjektiven anschaulich und man kann sich besser vorstellen, wie etwas ist. **Vergleiche sind eine „Spezialität“ der Adjektive.**

Paul ist **so stark wie** ein Riese.
Der Apfel ist **so sauer wie** eine Zitrone.
Die Haut des Babys ist **so weich wie** Seide.

Mit Adjektiven kann man aber auch so vergleichen:

groß – größer – am größten.

Diese Vergleichsformen nennt man die **Grundstufe (groß)** und die **erste** und **zweite Vergleichsstufe (größer, am größten).**

Tipp:
Adjektive stehen nicht immer vor einem Nomen (der **warme** Sommer). Ein Adjektiv kann auch bei einer Form von **ist** stehen. **Der Sommer ist warm.**

2

1. Findest du hier die passenden Adjektive?

Schneewittchen wird im Märchen so beschrieben:

Ihre Haut ist so .... wie Schnee,

ihre Lippen sind so .... wie Blut und

ihr Haar ist so .... wie Ebenholz.

Sie ist so .... wie eine Prinzessin.

2. Die Zwerge im Märchen sind:

l n k e i　　　g ß f ei l i　　　t u s l i g

t e n t　　　u n g r h g i　　　e m d ü

3. Ergänze mit der ersten und zweiten Vergleichsstufe.

Märchenbücher sind spannend, Geschichtsbücher

sind .... und Kriminalgeschichten sind

.... Die Zwerge sind klein, die

Mäuse sind .... und die Ameisen

....

3 **TEST**

Trage die passenden Formen in die Tabelle ein:

Grundstufe	*1. Vergleichs-stufe*	*2. Vergleichsstufe*
	stärker	
schön		
		am schnellsten
dumm		
	heller	
billig		
		am dicksten

Adjektive

1

Adjektive sind gut, um Unterschiede zu verdeutlichen

Wenn du etwas anschaulich und genau beschreiben willst, so kannst du vergleichen. Das haben wir auf den vorigen Seiten gemacht. Eine weitere gute Möglichkeit ist, **Unterschiede** deutlich zu machen. **Auch das können Adjektive besonders gut.**

2

1. Verbinde die Gegenteil-Adjektive miteinander.

warm	feige
schwer	trocken
tapfer	rund
weiß	kalt
gut	langweilig
spannend	leicht
eckig	schwarz
nass	schlecht

2. Was ist das?

Es ist flüssig, nass, durchsichtig, kalt oder warm, wichtig für alles Leben auf der Welt.

....

Es ist heiß, rot und gelb, leuchtend, hell und gefährlich.

....

3. Finde das Gegenteil und schreibe es in die Tabelle. Schreibe es dann noch einmal mit einem passenden Nomen auf.

groß		
schmutzig		
jung		
dünn		
schwach		

3 **TEST**

Heute ist bei den Kindern in Lisas Klasse Gegenteiltag. Kennst du diesen Tag? Man sagt dann immer genau das Gegenteil von dem, was man eigentlich meint. Unterstreiche im Text die Adjektive und schreibe sie mit dem Gegenteil-Adjektiv in dein Heft.

Als Lisa am Morgen in die Klasse kommt, sind Frederik, Marie und Paula schon da.
Paula ruft: „Heute ist Gegenteiltag!"
Frederik sagt: „Du hast aber einen hässlichen Pullover an."
„Stimmt", lacht Marie, „der ist ja ganz alt!"
„Mir gefällt er, ich liebe schwarze Pullover", antwortet Lisa.
„Und wenn ihr nicht gleich aufhört, so freundlich zu sein, hole ich meinen Hund Zottel. Der ist ganz klein und ängstlich und beißt gern liebe Kinder."

1

Adjektive – die Vergleichsformen

Adjektive können gesteigert werden, dann kann man wunderbar mit ihnen **vergleichen**. Dazu brauchst du die **Grundstufe** und die **erste** und **zweite** Vergleichsstufe.

↓ **klein** ↓ **kleiner** ↓ **am kleinsten**

Weitere Beispiele sind: **schön, schöner, am schönsten; stark, stärker, am stärksten.**

2

1. Tom geht gern zur Schule. In seiner Klasse verstehen sich alle prima. Wenn da nur die 4a nicht wäre. Sobald die beiden Klassen aufeinandertreffen, gibt es nur ein Thema: Wer ist besser, schneller, toller, ...? Unterstreiche die Adjektive und setze die passende Steigerungsform ein.

Die 4b hat beim Fußball einen tüchtigen Torwart, aber der Torwart der 4a ist .... Beim Sportfest springt Lisa aus der 4a sehr weit, aber Paul aus der 4b springt .... Die Mädchen aus der 4b rechnen schnell, aber Moni und Thea aus der 4a rechnen am .... Die Geschichten von Felix, Ben und Maria sind spannend, aber die Klassenkrimis, die die 4a schreibt, sind .... Aber bei der gemeinsamen Klassenreise sind sie sich alle einig: Schule

ist gut, aber zusammen verreisen ist ....!

2. Wie geht es weiter?

lang		
hoch		
klug		
leicht		
laut		
weich		
alt		
warm		
hell		
groß		
schwach		
voll		
gut		
viel		

3. Ergänze.

Tom kann .... (gut) rechnen, Nico kann noch

.... rechnen, Steffi rechnet ....

4. Tina geht mit ihren Freundinnen für ihr Leben gern einkaufen.
Sie probieren vieles an und vergleichen ganz genau.
Setze die richtige Vergleichsform ein.

a) Der rote Pulli ist **schön**,

aber der gelbe mit den Streifen ist ....

Pia findet den lilafarbenen am ....

b) Die Handtaschen aus Leder sind ....,

aber die aus Plastik sind **preiswerter** und die aus

Jeansstoff sind ....

c) Der Sportbeutel mit den Blumen ist sehr **farbig**, aber der

karierte Beutel ist .... und der

Beutel mit dem Regenbogenmuster ist

....

d) Zum Schluss gehen sie noch in die Eisdiele. Das

Spaghetti-Eis ist ....,

der Fruchtbecher ist noch **leckerer** und der

Freundschaftsbecher ist ....

3 **TEST**

In Toms Klasse haben die Kinder Referate über die Steinzeit gehalten. Jeder kam dran und die Vorträge waren sehr unterschiedlich.

Alle haben sich sehr große Mühe gegeben. Es war viel .... (interessant), den Kindern zuzuhören, als ein Buch zu dem Thema zu lesen. Alisa, Bea und Tim waren am .... (fleißig), ihr Referat war viel .... (lang) als das der anderen Gruppen. Jan war am .... (gut) vorbereitet, er hatte sich sogar ein .... (spannend) Quiz für seine Mitschüler ausgedacht. Irina war sehr .... (aufgeregt), ihre Stimme war viel .... (leise) als sonst. Mona hatte .... (farbig) Zeichnungen angefertigt, die ihr noch .... (gut) gelungen waren als bei ihrem letzten Vortrag. Herr Paulsen lobte die Kinder noch .... (viel) als sie erwartet hatten. Er war richtig stolz.

Adjektive

1

Zusammengesetzte Adjektive

Adjektive beschreiben, **wie etwas oder jemand ist**.
Adjektive heißen deswegen auch **Wiewörter**.
Zusammengesetzte Adjektive können aus einem Nomen und einem Adjektiv entstehen. Sie können etwas noch genauer und bildhafter beschreiben.

ein runder Luftballon – ein kugelrunder Luftballon

Auch zusammengesetzte Adjektive werden kleingeschrieben.

2

1. Finde neun zusammengesetzte Adjektive.

k	u	g	e	l	r	u	n	d	f	m
p	n	a	g	e	l	n	e	u	x	e
f	i	n	g	e	r	b	r	e	i	t
t	n	a	l	x	c	ö	w	t	h	e
r	b	m	a	u	s	g	r	a	u	r
w	a	s	s	m	c	m	s	e	b	l
e	i	s	k	a	l	t	f	r	n	a
a	x	ä	l	e	q	v	a	t	m	n
s	g	r	a	s	g	r	ü	n	j	g
w	s	t	r	o	h	d	u	m	m	ö

2. Schreibe die Adjektive hier auf.

....

....

....

3. Unterstreiche in den Beschreibungen das Adjektiv und bilde zusammengesetzte Adjektive.

eiskalt	so kalt wie Eis
	so leicht wie eine Feder
	so schnell wie der Blitz
	so hart wie Stein
	so groß wie ein Riese

3 **TEST**

Setze richtig ein. Schreibe dazu den Test in dein Heft. Es sind absichtlich keine Lücken gelassen. So wird es schwieriger, aber du bist sicher ein guter Wortdetektiv.

riesengroß – nagelneu – butterweich – wunderschön – blitzschnell – spiegelglatt – fachkundig – stock-dunkel – mutterseelenallein – stundenlang

Es war am See, der Mond stand schon am Himmel und die Wasseroberfläche war. Onkel Paul und Tom waren am See. Tom packte seine Angel aus, bereitete sie mit Onkel Pauls Hilfe vor und warf sie aus. Dann saßen die beiden am Ufer und warteten. Es war schon, da ruckte Toms Angelschnur. Seine Knie wurden, aber Onkel Paul griff zu und half Tom, seinen ersten selbstgefangenen Fisch an Land zu ziehen. Der Fisch war winzig klein, aber Toms Freude war.

1

Zusammengesetzte Adjektive – 2

Siehe die Regel auf Seite 70.
Übrigens können Adjektive auch aus **Verben und Adjektiv** entstehen.

sehen + behindert → sehbehindert
laufen + faul → lauffaul
schreiben + freudig → schreibfreudig
spielen + stark → spielstark

2

1. Unterstreiche die zusammengesetzten Adjektive im Text.

Es war für Lisa ein rabenschwarzer Tag. Alles, aber auch einfach alles ging schief.

Sie war noch hundemüde und stand viel zu spät auf.
Als sie duschen wollte, war das Wasser eiskalt.
Ihr himmelblauer Lieblingspullover war zwar frisch gewaschen, er hing aber pudelnass auf dem Wäscheständer.
Lisas Hunger war riesengroß, doch sie hatte keine Zeit mehr zu frühstücken. Sie musste blitzschnell zur Schule laufen.
Sie nahm ihren nagelneuen Ranzen und rannte los. Der Himmel war mausgrau, es würde gleich anfangen zu regnen. Obwohl sie ein laufstarkes Mädchen war, kam sie kopflos in der Schule an. Und als sie sich auf dem Schulhof umschaute, bekam sie butterweiche Knie.
Es war niemand da!

Lisa wunderte sich, doch auf einmal war ihr alles sonnenklar: Heute war ja Samstag!
Wie kann man nur so strohdumm sein!

2. *Hier stimmt was nicht.*
Wie müssen die Adjektive wirklich heißen?

pudelkalt	eiskalt
zitronenblau	
feuerdumm	
steinnass	
bärengelb	
blitzhart	
himmelschnell	
eisrot	
strohstark	

3. *Schreibe die richtigen Adjektive aus Aufgabe 2 mit einem passenden Nomen in dein Heft.*

4. *Findest du die vier zusammengesetzten Adjektive?*

was – pen – reich – dicht – lu – stein – ser – mes – scharf – ser – rein

....

....

Adjektive

5. Suche zu den Farben passende Nomen und schreibe sie auf.

grasgrün	
schneeweiß	
himmelblau	
feuerrot	
rabenschwarz	
zitronengelb	

6. Der berühmte Maler Fritz Stowasser nannte sich mit vollem (ausgedachtem) Namen FRIEDENSREICH REGENTAG DUNKELBUNT HUNDERTWASSER. Welche Nomen fallen dir zu DUNKELBUNT ein?

....

....

7. Lies den Text genau und setze richtig ein.

fantasievoll **wunderschön** **einzigartig**
rätselhaft **kunterbunt**

Hundertwasser liebte .... Farben. Seine Bilder sind sehr .... Viele Motive wirken auf den ersten Blick .... Für Hundertwaser ist die Natur .... und jedes Lebewesen ....

3 TEST

Unterstreiche die Adjektive in der linken Spalte und übertreibe rechts tüchtig mit zusammengesetzten Adjektiven.

Solche Angeber!

Unser Haus ist sehr groß.	Das Haus, in dem ich wohne, ist ....
Unsere Äpfel sind sehr süß.	Die Äpfel von unserem Apfelbaum sind ....
Mein Fahrrad ist wirklich sehr schnell.	Mein Fahrrad ist ....
Ich habe einen neuen Tuschkasten.	Mein Tuschkasten ist aber ....
Ich habe ein Sparschwein bekommen. Wenn ich mein Geld spare, bin ich später einmal reich.	Mein Bruder und ich sparen schon lange, wir sind ....

4. Wortbausteine/Wortfelder

1

Wörterbaustelle

Wörter können mit **Wortbausteinen verändert** werden.

Es gibt vier Arten von **Wortbausteinen**: die **Vorsilbe (1)**, den **Wortstamm (2)**, die **Nachsilbe (3)** und die **Endung (4)**.

das unheimliche Buch (un = 1, heim = 2, lich = 3, e = 4)	**ein stürmischer Tag** (stürm = 2, isch = 3, er = 4)
die Erfindungen (Er = 1, find = 2, ung = 3, en = 4)	**die Umleitungen** (Um = 1, leit = 2, ung = 3, en = 4)

2

1. Setze Wörter mit dem Wortstamm „kauf“ zusammen. Wie viele findest du?

Ver ein Ein ab ver	kauf Kauf	haus er en mann laden lich

Tipp:
Manchmal verändert sich der Wortstamm (aus au wird z. B. äu).

2. Bilde mit den gefundenen Wörtern drei Sätze.

....

....

....

3. Wie viele Wörter kannst du aus diesen Wortbausteinen zusammensetzen?

Be		er
aus		te
ver		t
ab	such	e
Ver		en
auf		erin
ge		ung

4. Setze die Verben zusammen und schreibe sie richtig auf. Ein Feld muss leer bleiben, weil es so ein Wort nicht gibt, male dieses Feld aus.

ein	
sammeln	
zahlen	
stecken	
basteln	

aus	
laufen	
suchen	
teilen	
sammeln	

ab	
zählen	
schicken	
schlafen	
trennen	

an	
streichen	
klettern	
geben	
kleben	

Wortbausteine/Wortfelder

5. Setze mit der Vorsilbe „ver/Ver" die Wörter zusammen. Denk bei den Nomen daran, den richtigen Artikel mit aufzuschreiben.

a)

dacht		ständnis
such	**Ver**	trauen
gebung		trag

....

....

b)

gessen		stehen
suchen	**ver**	gleichen
rechnen		geben

....

....

6. Setze mit der Vorsilbe „vor/Vor" die Wörter zusammen. Denk bei den Nomen daran, den richtigen Artikel mit aufzuschreiben.

a)

speise		silbe
hang	**Vor**	schlag
wort		trag

....

....

b)

nehm		lesen
singen	**vor**	schreiben
gehen		witzig

....

....

3 TEST

Setze den richtigen Wortbaustein ein.

Tina hat Krach mit ihrer besten Freundin. Die beiden sprechen überhaupt nicht mehr ....einander (von – mit – ab). Aber Tina kann es nicht lange ....halten (ein – ver – aus), mit Marie ....stritten (ver – zer – ent) zu sein. Sie möchte sich so schnell wie möglich wieder mit ihr ....tragen (ver – vor – unter). Deshalb hat sie sich eine Überraschung für Marie .... gedacht (an – ein – aus). Sie legt ihr heimlich eine Einlad.............. (ung – lich – heit) auf ihren Platz in der Schule. Darauf steht: ....schuldige (An – Um – Ent) bitte, dass ich so gemein zu dir war. Es tut mir leid. Ich würde gern wieder deine Freund.............. (ung – in – lich) sein. Möchtest du mich heute ins Kino ....gleiten (ent – be – vor)? Marie liest die Einladung und schaut Tina ....sicher (vor – auf – un) an. Dann lacht sie und ruft glück.............. (lich – ig – keit): „Na klar! Wann wollen wir uns treffen?“

Wortbausteine/Wortfelder

1

Wortfamilie „fahren“

In einer **Wortfamilie** haben alle Wörter denselben **Wortstamm**. Sie sind miteinander verwandt.
Aber so wie in einer Familie nicht alle gleich sind, so gibt es auch bei den Wortfamilien Unterschiede:
Manchmal schreibt man ein Wort der Familie groß und ein anderes klein **(Fahrzeug, fahren)**. Die Selbstlaute und die Umlaute können sich trotz der Verwandtschaft verändern.

die Fahrt – fahren – er fährt

2

1. Markiere den Wortstamm farbig.

Fahrt Fahrzeug sie fährt Fahrkarte Fahrer

Gefährt Fahrschule vorfahren Fahrrad

Einfahrt fahren Fahrerin Fahrstuhl

abfahren Fahrplan Abfahrt verfahren Fähre

Radfahrer gefahren Fahrschein Vorfahrt Gefahr

2. Findest du noch mehr Wörter, die zur Wortfamilie fahren gehören? Nimm dein Wörterbuch zur Hilfe.

....

....

....

....

....

Tipp:
Der Wortstamm kann am **Anfang** eines Wortes stehen, er kann aber auch in der **Mitte** oder am **Ende** eines Wortes stehen.

3. Trage je drei Wörter der Wortfamlie „fahren“ hier richtig ein.

Wortstamm am Anfang des Wortes

das Fahrzeug ....

Wortsstamm am Ende des Wortes

die Abfahrt ....

Setze Worte der Wortfamilie „fahren“ ein.

3 TEST

Tina .... mit ihrer Freundin in die Stadt.

Sie schauen auf dem ....

nach. Die Bus.. gibt ihnen eine

.... und wünscht ihnen eine

gute ....

1

Wortfamilie „Hand“

Auch bei dieser **Wortfamilie** musst du wieder darauf achten, wo der Wortstamm steht und ob er verändert werden muss.

2

1. Markiere den Wortstamm farbig.

Hände behandelt Verhandlung Handel

Linkshänder Handschuh Händler handlich

handelte gehandelt Handlung

behandeln **Hand** Behandlung

misshandeln verhandeln Händlerin

Einzelhandel handelt Buchhändler

2. Findest du die Wörter aus der Hand-Familie? Markiere sie und schreibe sie richtig in dein Heft.

SCHULEHANDELTKLEINGENAUBUCHHÄNDLERAFFE

MONTAGHANDELTETELEFONBEHANDLUNGQUATSCH

HANDLICHHANDSCHUHENDE

3. Finde zu jedem Wort einen Satz.

....

....

....

....

....

....

4. *Schreibe mindestens zehn Wörter der Wortfamilie „spielen“ auf und markiere den Wortstamm.*

....

....

....

....

5. *Erkennst du das Wort?*

KA	RA	SPIEL	DEN	ME

....

3 TEST

Hier sind Wortfamilien durcheinandergeraten. Markiere sie unterschiedlich.

Zahl Spielerei Gepäck bezahlen Zahlkarte
packen zählen Päckchen gezählt Spiele
Verpackung spielen gespielt gepackt
Spielzeug Spieler Mehrzahl Brettspiel
Packesel Zahlung gespielt Spielsachen
verpackt

Wortbausteine/Wortfelder

1

Wortfelder „sagen“ und „sehen“

In einem **Wortfeld** kann man alle Wörter sammeln, die das Gleiche bedeuten oder fast das Gleiche.
Für das Verb „sagen“ kannst du viele andere Verben benutzen, die genauer ausdrücken und beschreiben können, was gemeint ist.

sagen – sprechen – erklären – flüstern – schreien – rufen – bitten – fragen – flehen – murmeln – jubeln – antworten – sich erkundigen – wispern – vorschlagen

Auch für das Verb „sehen“ gibt es genauere Umschreibungen.

sehen – gucken – betrachten – beobachten – anschauen – entdecken – besichtigen – anstarren

2

1. Zeichne die Wortgrenzen ein und markiere die Verben farbig. Schreibe sie unter der Überschrift „sagen“ in dein Heft.

TISCHFLÜSTERNKATZEFREUNDWISPERNGANZWO

RUFENTRAININGBITTENSPRECHENLESERFRAGEN

JACKEMURMELNTINAWANNSCHREIENROSE

ANTWORTEN

2. Setze ein passendes Verb ein.

Die Kinder in Toms Klasse sind ganz aufgeregt. Sie gehen nächste Woche auf Klassenfahrt. Alle .... laut durcheinander. „Wann fahren wir denn los?“, ... Britta. „Ich will aber vorne sitzen!“,

.... Jan. Pia dreht sich zu ihrer Freundin um und .... leise: „Wollen wir uns ein Zimmer teilen?“ „Gern“, ... sie. „Ich freue mich schon so!“, ... Jonas.

Tipp:
Wenn du eine Geschichte erzählst, so achte darauf, unterschiedliche und abwechslungsreiche Verben zu benutzen. Dann klingt dein Text gleich viel spannender und interessanter.

3 TEST

Setze ein passendes Verb ein. Die Verben im Regelkasten auf Seite 84 helfen dir dabei.

Tina geht für ihr Leben gern ins Museum. Am allerliebsten geht sie dorthin, wo man alte Gemälde .... kann. Sie .... sie oft stundenlang und .... immer neue Einzelheiten auf den großen Bildern. Heute .... sie schon vor dem Eingang einen großen Reisebus voller Menschen. Sie kommen aus dem Nachbarort und wollen ganz besondere Kunstwerke ....
Tina freut sich. Es macht ihr ebenso viel Spaß, die Museumsbesucher zu ....
Na, dann viel Spaß!

Wortbausteine/Wortfelder

1

Wortfeld „gehen“

Für das Verb **gehen** kann man viele andere Verben benutzen, die die Art der Bewegung genauer beschreiben und ausdrücken können.

gehen – schlendern – rennen – laufen – humpeln – schleichen – hüpfen – springen – stampfen – tänzeln – marschieren – stolzieren – flitzen – trödeln

Welcher Satz klingt besser: **Ich gehe schnell zur Schule, weil es heute ganz sicher lustig wird. Ich haste zur Schule, weil es heute ganz sicher lustig wird.** Passende Verben können so viel mehr sagen.

2

1. Markiere acht Verben aus dem Wortfeld „gehen“ farbig und schreibe sie unter dieser Überschrift in dein Heft.

w	m	a	r	s	c	h	i	e	r	e	n
s	a	q	w	c	e	r	t	q	u	i	a
t	s	h	f	h	ü	p	f	e	n	s	s
a	d	u	u	l	a	i	h	a	z	p	d
m	f	m	z	e	s	u	k	y	t	r	f
p	q	p	t	i	n	f	e	n	r	i	g
f	g	e	v	c	d	z	m	x	e	n	h
e	h	l	n	h	f	t	n	c	w	g	j
n	j	n	r	e	n	n	e	n	e	e	k
n	k	k	l	n	x	c	b	v	q	n	l
m	s	c	h	l	e	n	d	e	r	n	ö

2. Was passt nicht dazu?

rennen laufen schleichen flitzen

humpeln hüpfen springen

3. Schreibe dir zu einem Wort deiner Wahl ein Wortfeld in dein Heft. Finde dabei mindestens acht Wörter. Gut geeignet sind nicht nur Verben.

3 **TEST**

Ersetze in diesem Text das Wort „gehen" durch ausdrucksvollere Verben. Achte auf die richtige Verbform.

Im Tierpark ist was los.

Die Gänse .... eine nach der anderen am Bach entlang.

Der Hahn .... über den Bauernhof.

Die Ziegen .... munter über das Gatter.

Die Elefanten .... kraftvoll durch den Fluss.

Die Antilopen .... voller Übermut hintereinander her.

Die Katze .... sich an, um die Vögel genauer zu beobachten.

Der Esel mit dem verletzten Huf .... vorsichtig zur Futterstelle.

Zottel .... aufgeregt am Zaun entlang.

Lisas Eltern .... gemütlich von einem Gehege zum nächsten.

Lisa .... mal wieder langsam hinterher.

1 Die Wörter „das“ und „dass“

Manchmal gibt es Wörter, **die ähnlich oder gleich klingen und doch nicht zu einer Wortfamilie gehören**. Die Wörter **das** und **dass** sind so ein Fall. Um sie unterscheiden und richtig verwenden zu können, musst du den Sinn des Satzes, in dem sie verwendet werden, genauer untersuchen. Daher steht diese kleine **detektivische Arbeit** auch am Ende der Kapitel zu den Wörtern und Wortarten und leitet zu den Seiten über, die sich mit Sätzen und Satzgliedern beschäftigen.

Das Wort **das** kennen wir als Artikel **(der, die, das)**, diese sind in Verbindung mit den Nomen wichtig.

die Schule, der Ranzen, das Radiergummi

Wird **das** nach einem Komma verwendet, nennt man diesen Satz einen Relativsatz; **das** ist hier ein Relativpronomen. Erinnerst du dich? Ein Pronomen bezieht sich auf ein Nomen.

Wo ist das Heft, das ich dir geliehen habe?
Ist das dein Buch, das da am Boden liegt?
Ich kann das Pausenbrot nicht finden, das Mama mir eingepackt hat.

Das gilt auch, wenn vor dem Nomen ein **unbestimmter Artikel** steht.

ein Haus, ein Auto, ein Berg
Ich sehe ein Haus, das gelb gestrichen ist.

Es gibt eine Eselsbrücke, die dir bei der Anwendung dieser Regel weiterhilft. Wenn man nach dem Komma **dieses**, **jenes** oder **welches** einsetzen kann, dann wird **das** (und nicht **dass**) geschrieben.

Ich suche das Bild, welches auf dem Sofa lag.
Ich suche das Bild, das auf dem Sofa lag.

Das Wort **dass** ist dagegen eine **Konjunktion (Bindewort)**.
Es verbindet zwei Sätze miteinander.
Andere Bindewörter sind **aber, als, damit, denn, ob, obwohl, während, weil, wenn.**
Vor dem Wort **dass** steht immer ein Komma.

Ich hoffe, dass morgen die Sonne scheint.
Oma sagt, dass der Bus erst um sieben Uhr kommt.
Tom weiß noch nicht, dass sein Fahrrad kaputt ist.

Tipp:
Hier kannst du einfach einmal testen, ob der Satz **Ich hoffe, dass morgen die Sonne scheint** auch mit das geschrieben werden könnte. **Ich hoffe, welches/jenes/dieses morgen die Sonne scheint** geht nicht. Also muss dieser Satz auf jeden Fall mit dass geschrieben werden.

1. Setze hier „das" als Relativpronomen ein. Unterstreiche vor dem Komma das Nomen mit seinem Artikel, auf den sich unser „das" bezieht. 2

a) Spiel bitte mal das Lied, ... wir gestern gehört haben.

b) Ich brauche das Rezept, ... Oma uns für die Plätzchen gegeben hat.

c) Siehst du das Auto, ... dort hinten um die Ecke fährt?

d) Morgen ziehe ich das T-Shirt an, ... Papa mir aus dem Urlaub mitgebracht hat.

e) Ich brauche ein Fahrrad, ... verkehrssicher ist.

f) Ich hätte gern ein Buch, ... viele Informationen über Menschenaffen enthält.

2. Lies die Sätze und füge „dass“ ein.

a) Ich glaube nicht, ... wir heute ein Gewitter bekommen.

b) Papa erzählt mir, ... Onkel Paul Besuch bekommen hat.

c) Es ist toll, ... ich nächste Woche Geburtstag habe.

d) Opa sagt, ... er mich bei der Gartenarbeit braucht.

3. Lies die Sätze und füge „dass“ ein – und das Komma.

a) Tom glaubt fest daran .... seine Fußballmannschaft gewinnen wird.

b) Mama möchte nicht .... Zottel auf Lisas Bett liegt.

c) Ich weiß .... ich für den Mathetest nicht mehr lernen muss.

4. Hier wird einmal „das“ eingesetzt, findest du heraus wo?

a) Ich finde, ... die Unterscheidung der Wörter gar nicht so schwer ist.
b) Schreibe die Regel einfach in das Heft, ... du zum Üben benutzt.
c) Ich hoffe, ... du jetzt genug geübt hast.

3 **TEST**

Setze „das" oder „dass" in die Lücken ein.

Wo ist das Kleid, ... Oma dir zum Geburtstag geschenkt hat?

Es ist wirklich zu blöd, ... wir den Bus verpasst haben.

Ich habe Angst, ... wir zu spät kommen.

Hol bitte das Brot vom Bäcker, ... Papa und Onkel Paul so gern essen.

Meinst du, ... diese Abkürzung wirklich stimmt?

Wo ist das Werkzeug, ... Papa täglich braucht?

Ich freue mich so, ... meine Freunde bei mir übernachten dürfen.

Gestern habe ich so gelacht, ... mir mein Bauch weh getan hat.

Tom wünscht sich das Schlagzeug, ... er im Geschäft ausprobiert hat.

5. Sätze

1

Sätze richtig bauen

Man verwendet **Aussagesätze**, wenn man etwas erzählt, etwas berichtet, wenn man über etwas schreibt oder etwas beschreibt. **Tom kommt in die Küche.**
Am Ende eines Aussagesatzes steht ein Punkt.

Man verwendet **Fragesätze**, wenn man etwas fragen möchte. **Kommt Tom in die Küche?**
Oft steht am Anfang einer Frage ein **Fragewort (wer, wie, wo, was, wann, wieso, weshalb, warum?).**
Am Ende eines Fragesatzes steht ein Fragezeichen.

Man verwendet **Aufforderungssätze**, wenn man jemanden zu etwas auffordern will oder etwas befiehlt. Deshalb findest du sie oft in wörtlicher Rede. **Tom, komm jetzt endlich in die Küche!** Am Ende eines Aufforderungssatzes steht immer ein **Ausrufezeichen**.

Man verwendet **Ausrufesätze**, wenn man vor Schreck, vor Freude oder vor Überraschung etwas ruft.
Tom kommt in die Küche! (Jetzt sieht er, dass wir ihm einen Geburtstagskuchen backen – und das sollte er nicht sehen.) Am Ende eines Ausrufesatzes steht natürlich ein **Ausrufezeichen**.

2

1. Lies die Sätze. Markiere den Schlusspunkt und den darauf folgenden Buchstaben farbig.

Lisa ist im Garten. Sie spielt mit ihrer Freundin Pauline. Die beiden Mädchen haben sich auf der Wiese eine Bude gebaut. Dort haben sie Tee und Kuchen zubereitet und bewirten ihre Puppen und natürlich Zottel. Mama bringt ihnen sogar noch ein Eis vorbei.

2. Jetzt sollst du die Punkte am Satzende selbst setzen.

> **Tipp:**
> **Du erinnerst dich:**
> Nach einem Punkt schreibt man immer groß.

Die Bude besteht aus Gartenmöbeln und Decken, die sie aus dem Haus geholt haben Die Freundinnen haben es sich richtig gemütlich gemacht Sie lachen, kichern und erzählen sich Geheimnisse, die sonst niemand kennen darf Dann ziehen sie die Puppen um und kämmen ihnen die Haare Im Eingang liegt Zottel und schaut in den Garten Er hat ein paar Leckerlis bekommen Es geht ihm richtig gut Er schließt die Augen und träumt von der Nachbarskatze

3. Am Nachmittag kommt Lena zum Spielen in den Garten. Sie war mit ihren Eltern im Urlaub in England. Lisa und Pauline haben viele Fragen. Lies die Fragen und Antworten laut, ordne zu und setze die richtigen Zeichen.

Wann seid ihr zurückgekommen	Ich war doch während der Ferien in England
Kannst du jetzt englisch sprechen	Ich bin seit gestern wieder daheim
Hast du eine Freundin gefunden	London ist wirklich eine interessante Stadt
Wie hat dir das Essen geschmeckt	Wir sind mit dem Autozug unter dem Meer gefahren
Hast du jetzt auch eine Schuluniform	In unserem Hotel wohnte ein Mädchen aus Indien
Seid ihr mit dem Schiff gefahren	Na klar – you are my best friends
Wie hat dir London gefallen	Am liebsten mochte ich fish and chips

Sätze

4. Am Samstag sind alle zu Hause. Zottel genießt das sehr. Alle sprechen mit ihm. Formuliere Aufforderungssätze zu den Stichwörtern und schreibe sie auf.

Stöckchen holen – Zeitung bringen – nicht weglaufen – stehenbleiben – ins Körbchen legen – Stiefel in Ruhe lassen

Lisa ruft: „Komm her! ....“

a) Tom sagt: „..“

b) Opa ruft: „..“

c) Mama schimpft: „..“

d) Oma bittet: „..“

e) Papa sagt: „..“

f) Onkel Paul ruft: „..“

5. Bilde zu diesen Aussagesätzen je eine Frage, nutze dabei Fragewörter.

a) Gestern waren Opa und Tina im Baumarkt.

....

b) Sie hatten eine lange Einkaufsliste und haben tüchtig für den Garten eingekauft.

....

....

c) Opa hat fünf Säcke mit Blumenerde aufgeladen.

....

d) Tina liebt Kapuzinerkresse, sie hat zwei verschiedene Farben ausgesucht.

....

....

e) Für Oma haben sie mehrere Sorten Salat mitgebracht.

....

3 **TEST**

Am Nachmittag macht die Familie einen Ausflug.
Sie holen ihre Fahrräder heraus und wollen starten.
Alle reden durcheinander.
Lies die Sätze laut und betont vor und setze dann die Satzschlusszeichen.

a) Wo fahren wir denn hin
b) Lisa, komm zu mir
c) Wo ist die Luftpumpe
d) Ich weiß nicht, ob ich diese weite Strecke schaffe
e) Tom, warte doch mal auf mich
f) Ich habe ja gar kein Geld dabei
g) Zottel, bleib stehen
h) Ich glaube, ich muss meinen Sattel noch höher stellen
i) Paul, hast du einen Stadtplan dabei
j) Hurra, wir machen ein Picknick
k) Wann sind wir denn endlich da
l) Hoffentlich kommt kein Regen auf – ich habe keine Jacke dabei
m) Hat jemand Werkzeug dabei

Sätze

1 **Sätze richtig bauen – für Fortgeschrittene**

Siehe die Regel auf Seite 92.

2 *1. Setze die richtigen Satzzeichen ein. Lies den Text laut. Du brauchst ein Ausrufezeichen, zwei Fragezeichen und einige Punkte.*

Toms Zimmer soll renoviert werden Er freut sich schon sehr Heute will er mit Opa, Papa und Onkel Paul zum Baumarkt fahren Papa misst aus, wie viel Tapete sie brauchen werden Welche Farbe soll er sich bloß für die Wände aussuchen Lisa hat ihm hellrosa vorgeschlagen Das ist doch eine Mädchenfarbe Onkel Paul überlegt, ob die Trittleiter hoch genug ist Tom möchte sich einen neuen Schreibtischstuhl kaufen Ob Opa ihm wohl ein bisschen Geld dazu gibt Endlich fahren sie los Tom ist ganz aufgeregt

Alle Möbel aus Toms Zimmer stehen auf dem Flur Das Zimmer sieht riesengroß aus Tom schläft heute Nacht bei seinem Freund Ole

Ole ist neugierig und stellt ihm eine Menge Fragen

Er fragt nach der Farbe der Wände, nach der Größe des neuen Teppichs und ob Tom sich freut Er möchte wissen, ob Tom einen neuen Schreibtischstuhl bekommt und ob er eine Einweihungsparty gibt, wenn das Zimmer fertig ist Schließlich fragt Ole sogar, ob Toms Schwestern auch in das neue Zimmer hineindürfen So viele Fragen

2. *Du sollst fünf Fragen für Ole stellen. Schreibe sie auf, achte auf das richtige Satzzeichen.*

....

....

....

....

....

....

....

3. *Hier fehlen ja schon wieder die Punkte! Lies laut und setze sie ein.*

Tom veranstaltet tatsächlich eine Einweihungsparty Er lädt seine Freunde ein, als das Zimmer fertig ist Oma hat Kartoffelsalat und Würstchen vorbereitet und Papa hat die Getränke spendiert Mama hat Lisa und Tina tatsächlich ins Kino geschickt Alles riecht noch ganz neu Die Freunde haben sogar ein Geschenk mitgebracht Ole überreicht Tom einen Fußballkalender, den er sich schon so lange gewünscht hat Opa hängt ihn gleich auf

4. *Bilde aus diesen Satzbausteinen einen Aussagesatz und einen Fragesatz. Schreibe in dein Heft.*

sein neues Zimmer jeden Tag Tom
über freut sich

5. Willst du wissen, was die Freunde zum neuen Zimmer gesagt haben? Setze die entsprechenden Satzzeichen ein.

Tipp:
Manchmal ist es nicht leicht, Punkt und Ausrufezeichen richtig zuzuordnen. Dann lies den Satz betont vor.

a) Das sieht ja prima aus
b) Wo hast du diese tolle Lampe her
c) Prima, dass der Schreibtisch am Fenster steht
d) Tom, wir besuchen dich jetzt jeden Tag
e) Habt ihr das alles allein gemacht
f) Mir gefällt der Teppich richtig gut
g) Wer hat denn die Tapeten ausgesucht
h) Dein Zimmer erkennt man ja nicht wieder
i) Wo wirst du den Fußballpokal hinstellen
j) Du bist ja zu beneiden
k) Ich wünsche mir auch solch ein Bücherregal

6. Armer Tom! Er hat viel zu tun. Mama hat jeden Tag neue Aufgaben für ihn.
Bilde mit diesen Wörtern neue Aufgaben.

Staubsauger holen   Papierkorb leeren
Schreibtisch aufräumen   Blumen gießen

....

....

....

....

....

3 TEST

Setze die Zeichen und schreibe dann den ersten Aussagesatz, den ersten Fragesatz und den ersten Aufforderungs-/Ausrufesatz auf, der im Text vorkommt.

Tom sitzt in seinem neu renovierten Zimmer und schreibt einen Brief an seinen Freund Niklas.

Lieber Niklas!
Heute habe ich endlich wieder Zeit, dir zu schreiben
Weißt du schon, dass ich ein neues Zimmer
bekommen habe Wir haben ganz schön geschuftet
Papa hat tapeziert und Onkel Paul hat die Wände
gestrichen Dabei ist der Eimer mit der Farbe
umgekippt Das war vielleicht ein Theater Deshalb
habe ich sogar einen neuen Teppich bekommen
Aber jetzt ist alles ganz prima Wann kommst du
mich mal wieder besuchen Ich habe jetzt sogar so
viel Platz, dass du mit der Luftmatratze in meinem
Zimmer schlafen kannst Wie findest du das
Ich freue mich schon riesig auf deinen Besuch
Dein Tom

Aussagesatz: ....

....

Fragesatz: ....

....

Aufforderungs-/Ausrufesatz: ....

....

1

Wörtliche Rede mit vorangestelltem Begleitsatz

Wenn man ein Gespräch aufschreiben möchte, muss man kennzeichnen, wer was sagt.
Dazu benutzt man **Begleitsätze** und die **wörtliche Rede**.

Opa fragt: „Wo ist mein Werkzeug?“

Begleitsatz — wörtliche Rede

Tom antwortet: „Das liegt vielleicht im Garten.“
Nach dem **vorangestellten Begleitsatz** steht ein **Doppelpunkt**.
Lisa fragt: „Wann kommt Oma?“
Der Beginn und das Ende der wörtlichen Rede werden durch die Anführungszeichen angezeigt.
Mama ruft: „Das Essen ist fertig!“

Tipp:
Wenn du einen Text **laut** liest, kannst du die wörtliche Rede viel leichter entdecken.

2

1. Unterstreiche die wörtliche Rede. Schreibe den Text dann in dein Heft und setze die Anführungszeichen ein.

Die Kinder spielen. Zottel stößt gegen den Tisch und wirft dabei alle Figuren um. Lisa ruft: Oh, Zottel!
Tina schimpft: Pass doch auf!
Tom ruft: Oh nein, ich war fast am Ziel!
Lisa sagt: Ich habe mir alles gemerkt. Sie stellt die Figuren wieder auf.
Tom flüstert: Na, da habe ich ja Glück gehabt.

*2. Tom, Tina und Lisa lieben Witze. Besonders Lisa lacht sich darüber kaputt und würde ihre Lieblingswitze am liebsten jeden Tag hören.
Unterstreiche in den Witzen die wörtliche Rede und setze Doppelpunkte und Anführungszeichen ein.
Die Zeichen am Rand helfen dir dabei.*

> **Tipp:**
> Nach dem Doppelpunkt eines Begleitsatzes wird großgeschrieben wie bei einem anderen Satzanfang.

In der Schule

Die Lehrerin fragt Lena Warum schreibst du denn   : „

so schnell? Lena antwortet Ich muss mich   “ : „

beeilen, meine Patrone ist gleich leer.   “

Wo ist Struppi?

Florian ist traurig. Kati fragt Was hast du denn?   : „ “

Da antwortet Florian Mein Hund ist weg.   : „ “

Kati schlägt vor Setz doch eine Anzeige in die   : „

Zeitung. Dann hast du ihn bald wieder.   “

Florian meint Aber Struppi kann doch nicht lesen!   : „ “

3. *Jetzt wird es schwieriger, diesmal musst du Doppelpunkte und Anführungszeichen ohne Hilfestellung setzen. Unterstreiche als Erstes die wörtliche Rede.*

Tipp:
Achte besonders auf die Großschreibung von Wörtern. Das kann dir helfen!

Der Kuchen

Frau Fischer isst im Restaurant ein Stück Apfelkuchen. Es sind aber gar keine Äpfel drin. Sie ruft den Koch und fragt Müssen in einem Apfelkuchen denn keine Äpfel sein?
Der Koch antwortet Warum? Im Hundekuchen sind doch auch keine Hunde.

Der arme Mann

Kai bittet seinen Vater Gib mir doch einen Euro. Der Vater fragt Wofür brauchst du denn schon wieder Geld? Kai sagt Das Geld ist doch für den alten Mann an der Ecke. Sein Vater erkundigt sich Ist es ein armer Mann, der nichts zu essen hat? Da muss Kai zugeben Nein, das nicht. Er verkauft Eis.

3 **TEST**

In diesen Texten sollst du Doppelpunkt und Anführungszeichen auch ohne Hilfe einsetzen. Unterstreiche als Erstes die wörtliche Rede.

Hanna steht zusammen mit einem Lehrer an der Bushaltestelle. Der Lehrer fragt Wie alt bist du und wie heißt du? Das Mädchen antwortet Ich heiße Hanna, ich bin sechs Jahre alt und gehe zur Schule.
Lachend sagt der Lehrer zu Hanna Ich bin 43 Jahre alt und gehe auch zur Schule. Darauf meint Hanna Dann musst du aber noch ganz schön dumm sein.

Max kommt vom Spielplatz nach Hause. Er hat einen großen Verband um den Kopf. Seine Mutter fragt erschrocken Was ist passiert?
Max antwortet kurz Mückenstich. Mutter fragt Und deswegen brauchst du so einen großen Verband? Max erklärt Nein, deswegen nicht. Aber Lisa hat die Mücke mit der Schaufel erschlagen.

1

Wörtliche Rede und Begleitsatz

Man benutzt **Begleitsätze** und die **wörtliche Rede**, wenn man ein **Gespräch** aufschreiben möchte. Nach dem **vorangestellten Begleitsatz** steht ein **Doppelpunkt**. Der Beginn und das Ende der wörtlichen Rede werden durch die **Anführungszeichen** angezeigt.

Lisa fragt: „Erzählt ihr mir noch mehr Witze?"
Begleitsatz — wörtliche Rede
Tom antwortet: „Na gut, hör genau zu!"

Der Begleitsatz kann auch **nach der wörtlichen Rede** stehen.
„Hast du dein Werkzeug gefunden?", fragt Oma.
wörtliche Rede — Begleitsatz
Die wörtliche Rede und der Begleitsatz werden hier immer mit einem **Komma** voneinander getrennt.
Das Komma sorgt dafür, dass du **nach** der wörtlichen Rede **klein** weiterschreiben kannst.

„Ich weiß nicht, wo ich noch suchen soll", murmelt Opa.
wörtliche Rede — Begleitsatz

2

1. Unterstreiche die wörtliche Rede und setze Doppelpunkte und Anführungszeichen ein.

Ein Mann schaut einem Gärtner zu, der Pferdemist in seine Schubkarre lädt. Der Mann fragt ihn Wo kommt der Mist denn hin? Der Gärtner erklärt Auf die Erdbeeren. Der Mann schüttelt den Kopf. Er sagt Komisch, wir tun immer Schlagsahne darauf.

2. Unterstreiche die wörtliche Rede und setze Doppelpunkte und Anführungszeichen ein.

Paul fährt mit dem Zug. In seinem Eisenbahnabteil sitzt ein Mann, der die ganze Zeit über Apfelkerne kaut. Paul fragt ihn Warum tun Sie das? Der Mann antwortet Damit ich klüger werde. Paul überlegt einen Moment und fragt Könnte ich auch mal einen haben? Der Mann zählt seine Apfelkerne und sagt dann Natürlich, aber das kostet pro Kern einen Euro. Paul zahlt und kaut seinen Apfelkern. Auf einmal ruft er Mensch, für einen Euro hätte ich mir ja eine ganze Tüte Äpfel kaufen können! Der Mann lacht über das ganze Gesicht und bestätigt Siehst du, es wirkt schon.

3. Unterstreiche die wörtliche Rede und setze Doppelpunkte und Anführungszeichen ein.

Frau Schulz macht zum ersten Mal Urlaub am Meer. Sie ist sehr ängstlich und fragt am Strand den Bademeister Gibt es hier etwa Quallen und Krebse? Der Bademeister antwortet Schon, aber Sie brauchen keine Angst zu haben. Die meisten werden von den Haifischen weggefressen.

4. *Verändere die Sätze so, dass der Begleitsatz nicht mehr vorgestellt, sondern nachgestellt ist.*

Beispiel: Lisa schlägt vor: „Such es doch in der Garage."
„Such es doch in der Garage", schlägt Lisa vor.

a) Mama sagt: „Schau doch mal im Keller nach."

....

....

b) Tina tröstet ihn: „Du wirst es schon wiederfinden."

....

....

c) Opa überlegt: „Vielleicht hat Paul es sich ja ausgeliehen."

....

....

Tipp:
Auch wenn die wörtliche Rede mit einem Ausrufezeichen oder mit einem Fragezeichen beendet wird, steht nach den Anführungszeichen am Ende der wörtlichen Rede zusätzlich ein Komma.
Bei einem nachgestellten Begleitsatz endet die wörtliche Rede nie mit einem Punkt. Nur Frage- und Ausrufezeichen bleiben stehen.
„Jetzt erzähle ich euch mal ein paar Witze!", ruft Lisa.

d) Lisa schlägt vor: „Wir könnten dir doch zum Geburtstag neues Werkzeug schenken."

....

....

....

e) Opa brummt: „ So ein Quatsch – ich brauche es doch jetzt.“

....

....

f) Plötzlich ruft Tim: „Schaut mal! Ich habe es gefunden!“

....

....

g) Opa fragt: „Wo war es denn?“

....

....

h) Tim antwortet: „ Da, wo es hingehört – in deinem Werkzeugschrank.“

....

....

....

5. Setze selbstständig die fehlenden Zeichen.

Ich bin doch wirklich ein alter Schusselkopf schimpft Opa vor sich hin.
Ach was, du bist nur besonders ordentlich lacht Oma.
Was würdest du nur ohne uns machen ruft Lisa.
Jeden Tag mein Werkzeug suchen brummt Opa.

*6. Unterstreiche die wörtliche Rede und setze die richtigen Zeichen ein.
Du musst auf Fragezeichen, Ausrufezeichen, Kommas und Anführungszeichen achten.*

Schau mal, ein Zitronenfalter! ruft Tim.
Aber der ist ja grün! protestiert Stefan.
Vielleicht ist er noch nicht reif! überlegt Tim.

Ein kleiner Junge kommt in eine Zoohandlung. Er schaut sich die vielen Fische an, schließlich fragt er Was kosten die Goldfische?
Fünf Euro pro Fisch antwortet der Verkäufer. Der Junge schaut in sein Portemonnaie und überlegt eine Weile. Dann fragt er Und was kosten die Silberfische?

Herr Bonse kommt wütend in den Baumarkt.
Ich möchte diesen Hammer umtauschen sagt er.
Der Verkäufer betrachtet den Hammer von allen Seiten. Ich kann keinen Fehler feststellen erklärt er.
Warum möchten Sie ihn denn umtauschen? fragt er schließlich.
Na, hören Sie mal, der trifft doch immer daneben! ruft Herr Bonse.

Papa, ich möchte ein Menschenjunges sein sagt der kleine Pinguin. Aber warum denn, mein Sohn? fragt der Pinguinvater erstaunt. Weil ich dann endlich Jeans tragen kann und nicht immer im Frack herumlaufen muss antwortet der kleine Pinguin.

Im Bus ist es sehr voll. Die Leute drängeln.
Sie Idiot! Können Sie nicht woanders hintreten? brüllt auf einmal ein Fahrgast den anderen an.
Doch, aber dann können Sie einige Zeit nicht mehr sitzen antwortet der andere seelenruhig.

Unterstreiche die wörtliche Rede und setze die richtigen Zeichen ein.

3 TEST

Ich fahre heute ins Schwimmbad verkündet Tom am Frühstückstisch. Oh, toll! Ich komme mit ruft Lisa. Du kannst ja gar nicht richtig schwimmen entgegnet Tom. Du bist gemein! ruft Lisa ärgerlich. Naja, ich muss doch dann ständig auf dich aufpassen erklärt ihr großer Bruder. Nein, das brauchst du nicht mischt Mama sich in das Gespräch ein. Wir achten auf Lisa erklärt sie.

1

Wörtliche Rede mit eingeschobenem Begleitsatz

Manchmal wird der **Begleitsatz** auch **zwischen die wörtliche Rede eingeschoben**. Er ist dabei **von Kommas eingeschlossen**.

„Opa, kennst du auch Witze?“, **fragt Tina,** „erzähl sie doch bitte.“

2

1. Unterstreiche die wörtliche Rede und setze die richtigen Satzzeichen ein.

Wasch dir die Hände, bevor du zur Schule gehst! ruft die Mutter Das ist nicht nötig antwortet Sven ich melde mich ja doch nicht.

Wie gerne würde ich auch einmal Ski laufen jammert der Tausendfüßler aber bis ich meine Skier angeschnallt habe, ist der Winter vorbei.

Ich möchte ein Konto bei Ihnen eröffnen sagt der Bankkunde. Aber Sie haben doch erst letzte Woche ein Konto bei uns eröffnet antwortet der Angestellte. Ach, das taugt nichts erwidert der Kunde da ist ja schon kein Geld mehr drauf!

Ein sehr geiziger Mann sagt zu seiner Frau Heute bin ich einem Bus hinterhergelaufen und habe so das Fahrgeld gespart. Du Trottel! entgegnet seine Frau wärst du einem Taxi hinterhergerannt, hättest du noch mehr gespart.

Ein Mann zieht sich mitten im Winter an einem Teich aus. Ordentlich hängt er seine Sachen über einen verschneiten Ast. Ein Spaziergänger kommt vorbei Was, um diese Zeit wollen Sie baden? Wieso? fragt der Mann Es ist doch erst viertel vor zwei!

Unterstreiche die wörtliche Rede und setze die richtigen Zeichen ein.

3 TEST

Fritz fragt den Lehrer Kann man für etwas bestraft werden, das man nicht gemacht hat? Nein, das wäre ungerecht antwortet der Lehrer. Das ist gut! ruft Fritz lachend Ich habe nämlich meine Hausaufgaben nicht gemacht.

1 Kommasetzung bei Aufzählungen

Punkte trennen. **Kommas** zeigen, dass Worte, Wortgruppen oder Sätze zusammengehören (also nicht selbstständig sind).

Werden in einem Satz Wörter **aufgezählt**, so werden sie **durch ein Komma** voneinander **getrennt**.
Vor den Wörtern **und** und **oder** steht in eine Aufzählung **kein Komma**.

> **In der Auslage liegen Äpfel, Birnen, Pflaumen und Kürbisse.**
> **Sollen Lisa und Tom Äpfel, Birnen, Pflaumen oder Kürbisse kaufen?**

2

1. Markiere die Satzzeichenfehler in den Aufzählungen.

a) Der Händler hat frisches Obst: Bananen. Orangen, Äpfel und Birnen.
b) Ich esse gerne Pizza, Spaghetti. und Torte.
c) Was ist lecker aromatisch und grün?

2. Kennzeichne die Aufzählungen farbig und setze Kommas ein. Achte auf die Wörter „und“ und „oder“.

a) Lisa Tom Mama und Tina begleiten Oma auf den Markt.
b) Die Kinder tragen Taschen Körbe und Beutel.
c) Auf dem Marktplatz sind schon viele Buden Marktstände und Verkaufswagen aufgebaut.
d) Gleich am Eingang treffen sie Frau Schöllchen mit ihren Kindern Mark Suse und Leo.

e) Sollen sie zuerst Obst Gemüse Käse oder Brot kaufen?
f) Am Gemüsestand warten schon viele Frauen Männer und Kinder darauf, bedient zu werden.

3 TEST

Lies den Text. Wie viele Sätze mit Aufzählungen kannst du entdecken? Setze Kommas ein.

Oma braucht Kartoffeln Gurken Tomaten und Zwiebeln.
Sie überlegt: „Soll ich das Gemüse bei Herrn Özdemir bei Frau Schaller oder bei Bauer Kindermann kaufen?“
Schließlich geht sie zu Herrn Özdemir. Dort sieht das Gemüse besonders frisch und gesund aus. Bei den Tomaten ist es schwierig: Es gibt Strauchtomaten Flaschentomaten Fleischtomaten und sogar Kirschtomaten. Welche soll sie nehmen? Lisa soll in der Zwischenzeit Obst kaufen.
Der Verkäufer fragt: „Möchtest du vielleicht unsere Weintrauben probieren? Ich kann dir Weintrauben aus Spanien aus Griechenland oder der Türkei anbieten.“
Lisa probiert erst einmal. Die Weintrauben aus der Türkei sind besonders fruchtig süß und aromatisch. „Die nehme ich“, sagt sie. Dann schaut sie sich um. Wo sind denn bloß die anderen? Sie lacht. Oma Mama Tina und Tom stehen schon am Eisstand und winken ihr zu.

1

Kommas bei Bindewörtern

Werden **zwei Sätze** durch **Bindewörter (Konjunktionen)** miteinander **verbunden**, so steht zwischen den Sätzen ein **Komma**.
Bindewörter sind zum Beispiel **aber, als, damit, dass, denn, während, wenn, weil**.
Und und **oder** können auch Sätze verbinden, dann muss kein Komma stehen. **Peter geht(,) und Ayse geht auch.**

2

1. Lies die Sätze. Unterstreiche das Bindewort und setze das Komma davor.

a) Opa freut sich weil endlich wieder die Sonne scheint.
b) Er zieht sich die Stiefel an damit er in den Garten gehen kann.
c) Die ersten Knospen sind zu sehen obwohl es noch kalt ist.
d) Er ist glücklich dass die Tage jetzt wieder länger werden.
e) Lisa spielt in der Sonne während er das Werkzeug sortiert.
f) Mama bringt Getränke raus als sie die beiden sieht.

2. Was passt besser: „obwohl“ oder „weil“?

Alle sind glücklich .... der Frühling kommt.
(Denk an das Komma!)

3. Verbinde die Sätze mit „aber“ und schreibe sie richtig auf.

a) Tom möchte gern schwimmen. Das Wasser ist kalt.

....

b) Tina mag gern Äpfel. Sie hasst Apfelmus.

....

c) Mama ruft nach Zottel. Er kommt nicht.

....

d) Papa sucht den Hammer. Er kann ihn nicht finden.

....

....

e) Opa kocht Kaffee. Er schmeckt Oma nicht.

....

....

4. Welches Bindewort passt? Setze auch das Komma ein.

aber **nachdem** **während** **weil**

Lisa lernt Englisch .... sie mit Zottel einmal nach England reisen möchte. Sie findet England richtig toll, ... Lena ihr so viel davon erzählt hat. Nachts legt sie das Englischbuch unter ihr Kopfkissen. Sie glaubt, so kann sie lernen, ... sie schläft. Auch mit Zottel spricht sie Englisch, ... er reagiert nicht.

5. Setze einen sinnvollen Satz zusammen.

außerdem **denn** **England** **tüchtig**
schwimmen **eine Insel** **übt** **ist** **Lisa**

....

....

6. *Verbinde die beiden Sätze mit „weil“. Erkläre dann, was mit dem zweiten Satz passiert.*

Mama und Lisa haben Holz, Schrauben und Farbe gekauft. Sie wollen ein neues Regal bauen.

....

....

....

....

....

7. *Verbinde die passenden Sätze mit dem Bindewort, schreibe sie dann mit einem Komma auf.*

Tom geht gern zur Schule.	weil	Sie bekommt heute Gäste.
Lisa setzt sich eine Mütze auf.		Sie ist zu einer Party eingeladen.
Oma backt einen Kuchen.		Er möchte ganz viel lernen.
Tina macht sich schick.		Es ist draußen sehr kalt.

....

....

....

....

....

....

3 **TEST**

a) Setze ein passendes Bindewort und das fehlende Komma ein.

als denn wenn während obwohl damit weil

Montags hat Oma keine Zeit .... dann trifft sie sich immer mit ihrer Freundin. Heute begann es zu regnen .... Oma das Haus verließ. Sie lief schnell die Straße entlang .... sie es eilig hatte. Sie unterhielt sich mit Frau Paulsen .... sie auf den Bus wartete. Oma fährt jeden Montag mit dem Bus .... ihre Freundin gar nicht weit entfernt wohnt. Sie nimmt lieber den Bus .... sie sich unterwegs immer mit dem netten Busfahrer Herrn Malke unterhalten kann. Herr Malke freut sich immer .... Oma in seinen Bus steigt.

b) Man kann die Sätze auch umstellen. Probiere es einmal aus und schreibe den letzten Satz des Textes hier umgestellt auf. (Lisa freut sich, wenn Zottel sie weckt. – Wenn Zottel sie weckt, freut sich Lisa.)

....

....

(Wo muss das Komma jetzt stehen?)

6. Satzglieder

1

Satzglieder erkennen und umstellen

Jeder Satz besteht aus **mehreren** Satzteilen **oder** Satzgliedern.
Ein Satz hat **mindestens zwei** Satzglieder.

Zottel bellt.

„Zottel" ist das erste Satzglied, „bellt" ist das zweite.
Ein Satzglied kann aus einem Wort oder aus mehreren Wörtern bestehen. Im Beispielsatz sind es drei Satzglieder.

Lisas Hund Zottel (1) **bellt** (2) **den ganzen Nachmittag** (3).

Satzglieder sind die Teile in einem Satz, die man **umstellen** kann, ohne dass der Sinn des Satzes verloren geht.
Man findet sie also durch die **Umstellprobe**.

Den ganzen Nachmittag (3) **bellt** (2) **Lisas Hund Zottel** (1).

Bellt (2) **Lisas Hund Zottel** (1) **den ganzen Nachmittag** (3)?

2

1. Stelle die Satzglieder um. Wie viele Sätze kannst du bilden? Schreibe sie auf.

Zottel beobachtet die Katzen im Garten.

....

....

....

....

2. Und hier die Satzglieder für einen weiteren Satzbauversuch. Schreibe deine Sätze ins Heft.

Die Katzen entdecken hinter der Hecke ein Versteck.

3. Wie muss die Frage heißen? Baue zuerst in Gedanken den Aussagesatzl

LISAS HUND ROTE GUMMIBÄRCHEN
FRISST AM LIEBSTEN

....

.... ?

LISA IMMER DURCH DIE STADT
REITET AUF ZOTTEL MONTAGS

....

.... ?

4. Bilde einen Aussagesatz.

IM GARTEN UND AM NACHMITTAG
ZOTTEL UND BELLO TOBEN
DIE EICHHÖRNCHEN ERSCHRECKEN

....

....

....

5. Bilde aus den gleichen Satzgliedern einen Fragesatz.

....

....

6. *Wähle Satzglieder aus und bilde vier lustige Sätze daraus. Forme diese Sätze dann jeweils zu einer Frage um.*

der Busfahrer	kocht	Tina	eine Schürze
Lisa	schreibt	dem Tankwart	eine Geschichte
die Lehrerin	erzählt	Onkel Paul	Grießbrei
der Polizist	schenkt	in der Schublade	eine Mandarine
Papa	backt	der Katze	das Lesebuch
der Tierarzt	erklärt	den Kindern	eine Torte
Tinka	findet	unter dem Tisch	Matheaufgaben
Tom	näht	Zottel	einen Brief

....

....

....

....

....

....

....

....

....

....

3 **TEST**

Unterstreiche die unterschiedlichen Satzglieder. Schreibe für jedes Satzglied Zahlen darunter, so kannst du sehen, wie viele Satzglieder in diesem Satz sind.

Lisas Freundin Jule lebt auf einem Bauernhof.
1 2 3

a) Lisa besucht Jule und ihre Familie sehr gern.

b) In den Ferien übernachtet Lisa manchmal bei Jule.

c) In der Scheune auf Jules Hof leben vier Katzen.

d) Am liebsten besuchen die beiden Mädchen die kleinen Ziegen.

e) Sie haben ein eigenes Gehege hinter dem Garten.

f) Bei schönem Wetter spielen sie auf der großen Wiese mit Jules Hund und mit Zottel.

g) Manchmal fahren die Kinder mit Jules Mutter auf dem Trecker.

Satzglieder

1

Satzglieder für Fortgeschrittene

Satzglieder sind die Teile in einem Satz, die man umstellen kann, **ohne** dass der Sinn des Satzes verloren geht.
Man findet sie durch die **Umstellprobe**.

Satzglieder können aus **mehreren Wörtern** bestehen.

Tom **bekommt** **zum Geburtstag** **ein Buch über Tiere.**
1 2 3 4

Zum Geburtstag bekommt Tom ein Buch über Tiere.
Ein Buch über Tiere bekommt Tom zum Geburtstag.
Bekommt Tom zum Geburtstag ein Buch über Tiere?

2

1. Stelle die Satzglieder so um, dass jedes Satzglied einmal am Satzanfang steht. Achte dabei auf Groß- und Kleinschreibung und auf Satzzeichen.

Die kleine Katze spielt am liebsten mit dem Wollknäuel

....

....

....

....

....

....

Tinas Hase | frisst | jeden Morgen | eine frische Möhre

Opa | füttert | die Pferde des Nachbarn | mit altem Brot

Im Herbst | sucht | der Igel | im Garten | ein Winterquartier

2. Unterstreiche die einzelnen Satzglieder und mache die Umstellprobe.
Schreibe den Fragesatz auf, der mit diesen Satzgliedern möglich ist. Schreibe in dein Heft.

a) Am Abend sitzt die kleine Katze oft auf der Fensterbank.
b) Manchmal stellt Oma dem kleinen Igel Milch auf die Terrasse.
c) Zottel jagt mit viel Freude die Vögel durch den Garten.
d) Die beiden Pferde Mia und Pit warten jeden Abend auf Opa.

3. Bilde aus den Satzglieder einen Aussage- und einen Fragesatz.

ZOTTEL   LISA UND IHRE FREUNDIN   KUNSTSTÜCKE
BEIBRINGEN   HEIMLICH

....

....

....

....

3 TEST

Kannst du durch Umstellen der Sätze erreichen, dass der Text nicht so eintönig klingt und dass die Wiederholungen am Satzanfang verschwinden?
Unterstreiche die Satzglieder, stelle die Satzglieder um und schreibe den so geänderten Satz auf.

a) Lisa war an ihrem Geburtstag sehr aufgeregt.

....

b) Sie wachte schon früh am Morgen auf.

....

c) Sie lief im Schlafanzug schnell die Treppe hinunter.

....

....

d) Lisa entdeckte im Wohnzimmer
ihren Geburtstagstisch.

....

....

e) Sie zählte die bunten Kerzen
auf dem Geburtstagskuchen.

....

....

f) Sie befühlte neugierig die verschiedenen Päckchen.

....

....

Satzglieder

1

Das Satzglied Subjekt (Satzgegenstand)

Das **Subjekt** ist der Teil des Satzes, mit dem auf die Frage **Wer oder was?** geantwortet wird.
Das Subjekt wird auch **Satzgegenstand** genannt.

Wer hat heute Geburtstag?
Lisa hat heute Geburtstag.
Was steht auf dem Tisch?
Die Geburtstagstorte steht auf dem Tisch.

Das Subjekt kann, wie alle Satzglieder, aus einem Wort oder aus mehreren Wörtern bestehen.

2

1. Stelle zu den Sätzen die Wer-Frage und beantworte sie. Unterstreiche dann das Subjekt.

Lisa freut sich schon seit Tagen auf ihren Geburtstag.
Wer freut sich schon seit Tagen auf den Geburtstag? Lisa.

Heute Nachmittag kommt Geburtstagsbesuch.

Wer ....

Mama hat Lisas Lieblingskuchen gebacken.

Wer ....

Zottel trägt eine rote Schleife um den Hals.

Wer ....

2. Und jetzt dasselbe mit der Was-Frage!

Die Geburtstagskerze steht schon auf dem Tisch.

Was ....

Jedes Geschenk ist bunt verpackt.

Was ....

3. Wo muss man „Wer“ fragen und wo „Was“?

Der Orangensaft ist im Kühlschrank.

W ....

Eiswürfel liegen bereit.

W ....

Kaffee und Kakao sind auch gleich fertig.

W ....

Die Nachbarin wird noch kommen, um zu helfen.

W ....

3 **TEST**

„Wer“ oder „Was“? Beim letzten Satz musst du besonders gut aufpassen.

Um drei Uhr klingelt der erste Gast an der Tür.

W..

Lisa rennt aufgeregt hin und öffnet.

W..

Vor der Tür steht ein riesengroßes Paket.

W..

Opa schaut lachend um die Ecke.

W..

Das Fahrrad hatte Lisa sich schon lange gewünscht.

W..

Satzglieder

1

Das Satzglied Subjekt (Satzgegenstand) – 2

Das **Subjekt** oder der **Satzgegenstand** ist ein wichtiger Teil das Satzes.
Durch die Frage **Wer oder was?** kann man das Subjekt herausfinden.

Wer freut sich auf das Wochenende?
Tom freut sich auf das Wochenende.
Was steht schon im Garten?
Das Zelt steht schon im Garten.

Das Subjekt kann, wie alle Satzglieder, aus einem Wort oder aus mehreren Wörtern bestehen.

2

1. Stelle zu den folgenden Sätzen die Wer-Frage oder die Was-Frage und unterstreiche anschließend das Subjekt.

Tom und seine Freunde wollen im Garten zelten.

W...

Das Wetter soll schön werden.

W...

Am Vormittag haben die Kinder das Zelt aufgestellt.

W...

Sie freuen sich schon auf den Abend.

W...

Niklas und Paul haben große Taschenlampen mitgebracht.

W...

Die Schlafsäcke liegen schon im Zelt bereit.

W...

2. Jetzt wird es schwieriger. Du sollst die Wer-Frage oder die Was-Frage nur noch im Kopf stellen und das Subjekt in jedem Satz farbig unterstreichen.

Lisa und Tina wollen den Jungen einen Streich spielen. Ihre Ideen sind richtig gruselig! Sie müssen dazu warten, bis es ganz dunkel ist. Der Abend ist sehr lang. Die Zeit vergeht sehr langsam. Die beiden Mädchen sind schon furchtbar müde. Schließlich fallen Lisas Augen zu. Auch Tina murmelt nur noch: „Komm, lass uns schlafen gehen.“
Am nächsten Morgen ärgern sie sich sehr über die verpasste Gelegenheit.

Markiere das Subjekt in jedem Satz farbig.

3 **TEST**

Am Abend grillen Papa und Onkel Paul Würstchen für die Kinder. Auch Tinas Nudelsalat schmeckt richtig lecker. Dann geht die Sonne unter. Tom holt noch Kissen und Decken aus dem Haus. Die Jungen haben so ein gemütliches Zelt. Später schaut Mama noch einmal zu ihnen herein. Sie sagt ihnen Gute Nacht.
Niklas liest noch aus seinem großen Abenteuerbuch vor. Danach löschen sie das Licht. Die Nacht ist sehr dunkel. Der Mond scheint direkt in das kleine Zelt. Draußen rascheln die Blätter im Wind. Der kleine Igel läuft am Zelt vorbei und wundert sich. Manchmal dringen seltsame Geräusche in das Zelt. Ein kleines bisschen Angst hat Tom schon. Aber schließlich schläft auch er ein und träumt von großen Abenteuern.

1

Prädikat (Satzaussage)

Das **Prädikat** oder die **Satzaussage** ist der Teil des Satzes, mit dem auf die Frage **Was tut ...?** oder **Was geschieht ...?** geantwortet wird.
Das **Prädikat** wird auch **Satzkern** genannt. Es ist der **wichtigste Teil eines Satzes**.

Was tut Lisa jeden Tag?
Lisa reitet jeden Tag auf Flicka.

Es gibt **einteilige und zweiteilige Prädikate**.
Zweiteilige Prädikate können **getrennt voneinander** in einem Satz stehen.

Lisa **packt** ihren Koffer. **(einteiliges Prädikat)**
Lisa **packt** die Reitstiefel **ein**. **(zweiteiliges Prädikat)**

Auch nach zweiteiligen Prädikaten fragt man mit **Was tut ...?** oder **Was geschieht ...?**

2

1. Schreibe die Was-tut-Frage auf und unterstreiche dann das Prädikat.

Lisa verbringt ihre Ferien auf dem Reiterhof.
Was tut Lisa? Sie verbringt.

a) Lisa kennt Flicka schon von ihrem letzten Reiterurlaub.

W...

b) Jeden Morgen läuft Lisa gleich in den Stall.

W...

c) Flicka begrüßt ihre kleine Freundin freundlich.

W...

d) Lisa fotografiert Flicka am ersten Tag.

W...

2. Stelle die Was-tut-Frage im Kopf und unterstreiche die Prädikate.

Am ersten Tag erkundet Lisa den Ponyhof.
Sie entdeckt auf dem Spielplatz eine neue Rutsche.
Auf der Weide besucht sie die anderen Pferde.
Nelly erkennt sie tatsächlich. Die Stute kommt an den Zaun.
Lisa streichelt ihr weiches Fell.
Dann läuft sie ins Haus. In der Küche bereitet die Köchin das Abendessen für die Kinder vor. Lisa hilft ihr ein bisschen.
Der Hausmeister wechselt im Flur die Glühlampen. Auch er erinnert sich noch an Lisa.
Alle sind so freundlich zu ihr.
Lisa findet es wirklich wunderschön hier.

3. Unterstreiche die Prädikate.

Am Abend schleicht sich Lisa in den Stall. Sie liest Flicka aus ihrem großen Pferdebuch vor. Flicka hört aufmerksam zu.

4. Bilde aus den Wörtern sinnvolle Sätze, schreibe sie auf und unterstreiche in jedem Satz das Prädikat.

Flicka	**bringt mit**	**Flicka**
Lisa	**lobt**	**frisches Stroh**
die Reitlehrerin	**frisst**	**die Kinder**
der Stalljunge	**besucht**	**Hafer und Heu**

....

....

....

....

5. Setze ein.

begrüßen legen traben treffen lachen reiten befestigen machen spendieren holen

Heute .... die Kinder einen Ausritt.

Sie .... sich nach dem Frühstück am

Pferdestall. Flicka .... Lisa mit einem

lauten Wiehern. Lisa .... den Sattel.

Sie .... ihn auf Flickas Rücken.

Dann .... sie das Zaumzeug.

Schließlich .... sie los. Mit den

anderen Pferden .... Flicka über die

große Wiese. Lisa .... vor Freude.

Am Fluss .... die Betreuer ein großes

Picknick für alle. Ein toller Tag!

6. In der Nacht träumt Lisa von einem eigenen Pferd. Bilde zu jedem Verb einen Satz, in dem dieses Verb Prädikat ist.

reiten füttern striegeln satteln

....

....

....

....

Unterstreiche in jedem Satz das Prädikat.

3 **TEST**

Lisa striegelt Flicka jeden Morgen.

Die anderen Mädchen und sie reiten täglich auf der Weide.

Nach dem Ausritt bringt Lisa ihrem Pferd frisches Wasser.

Am Abend putzt sie Flicka sorgfältig.

Mit dem Hufkratzer reinigt Lisa auch ihre Hufe.

Zum Dank wiehert Flicka leise in Lisas Ohr.

Zärtlich krault Lisa Flickas Fell.

Abends kuschelt Lisa sich in ihre Bettdecke.

Sie träumt natürlich von ihrem Pferd.

Lisa liebt Flicka von Tag zu Tag mehr.

Am letzten Tag holen Papa und Mama Lisa vom Reiterhof ab.

Lisa stellt den beiden ihre Reitlehrerin und natürlich Flicka vor.

Dann lädt Papa Lisas Gepäck ein.

Schweren Herzens fährt Lisa mit ihren Eltern mit.

Zu Hause packt Lisa als Erstes das Foto von Flicka aus.

Satzglieder

1 Nach dem Prädikat fragen

Das Prädikat oder die **Satzaussage** ist der **wichtigste Teil des Satzes**. Es gibt keinen Satz ohne Prädikat.
Siehe auch die Regel von Seite 130.

Was tut Tina am Nachmittag?
Tina arbeitet am Nachmittag mit ihrer Freundin.
Was geschieht draußen?
Draußen regnet es.

Tipp:
Wenn in einem Satz **mehrere Personen** vorkommen, fragt man nicht: Was tut, sondern **was tun**?

2

1. Stelle die Was-tut-Frage beziehungsweise die Was-tun-Frage und unterstreiche das Prädikat.

a) Tina und ihre Freundin planen ein Referat.

Was tun ....

b) Sie bereiten sich sehr gut auf ihren Vortrag vor.

W..............................

c) Heute holen sie Bücher aus der Bibliothek ab.

W..............................

2. Bilde fünf sinnvolle Sätze und unterstreiche das Prädikat.

Der Hausmeister	vorlesen	die Schülerinnen
Die Mädchen	mitbringen	das Referat
Mama	aufhängen	interessante Fotos
Herr Riese	loben	das Plakat
Tina	anhören	eine Geschichte

....

....

....

....

....

....

....

....

....

3. Bilde Fragesätze. Stelle dazu das Prädikat an den Satzanfang.

a) Rita liest ein Buch.

.... ?

b) Tom spitzt die Stifte an.

.... ?

c) Lea holt große Pappen.

.... ?

d) Stefan träumt von den Ferien.

.... ?

4. Unterstreiche in jedem Satz das Prädikat.

Die beiden Mädchen lesen verschiedene Texte zu ihrem Referatsthema. Tina berichtet Laura über ihr Buch. Die beiden gestalten ein Plakat zum Thema. Laura schreibt wichtige Informationen auf farbige Blätter. Tina zeichnet eine Tabelle. Die Tabelle klebt sie dann auf das Plakat. Laura unterstreicht die Überschriften. Tina markiert wichtige Stichwörter mit einem farbigen Stift. Schließlich malen sie noch ein Bild für das Plakat. Um 18.00 Uhr beenden sie ihre Arbeit.
Am nächsten Morgen stehen sie sehr früh auf. Sie bereiten im Klassenraum alles für den Vortrag vor. In der Pause frühstücken sie ganz in Ruhe. Aber Tina spürt jetzt doch die Aufregung. Laura beruhigt sie. Sie spricht ihr Mut zu. Tatsächlich, alles klappt wie am Schnürchen. Die Kinder hören interessiert zu. Anschließend stellen sie viele Fragen. Herr Schröder lobt ihren Fleiß.

5. Hier ist das Prädikat fast immer zweiteilig. Unterstreiche!

Nach der Stunde wartet Tinas Freundin Anne schon vor der Tür.
Sie fragt ganz gespannt. „Na, wie war es?“
Tina erzählt: „Ich habe zuerst ein bisschen Angst gehabt. Aber Laura hat mich beruhigt. Ich hatte ja auch gut gelernt! Eigentlich hat es dann sogar ein wenig Spaß gemacht. Alle haben mir zugehört! Die Kinder haben dann viele Fragen gestellt. Wir konnten alles beantworten. Und weißt du, was? Herr Schröder hat uns eine Eins gegeben!“

Setze das richtige Prädikat ein. Diese Grundformen helfen dir.

3 **TEST**

abholen **steigen** **abnehmen** **anhalten**
einladen **rufen** **warten** **losfahren**

Nach der Schule .... Mama die beiden Mädchen .... Sie .... vor der Schule.

„Herzlichen Glückwunsch!“, ... sie. Sie .... den Mädchen die Schulranzen ab, dann .... sie ins Auto. Das Auto .... Etwas später .... sie vor der Eisdiele ....

„Ich .... euch ....!“

1

Akkusativobjekt (Wen-Oder-Was-Ergänzung)

Das Akkusativobjekt ist der Teil des Satzes, mit dem auf die Frage **Wen oder Was geantwortet wird**. Es wird auch die Wen-Oder-Was-Ergänzung genannt.
Das **Akkusativobjekt** kann aus **einem Wort oder aus mehreren Wörtern** bestehen.

Tom besucht seinen besten Freund.
Wen besucht Tom? Seinen besten Freund.
Tom nimmt sein neues Skateboard mit.
Was nimmt Tom mit? Sein neues Skateboard.

2

1. Stelle die Wen- oder die Was-Frage und unterstreiche das Akkusativobjekt.

a) Mama gießt die Blumen.

W...

b) Opa bindet die Tomatenpflanzen an.

W...

c) Oma begrüßt die Nachbarin.

W...

d) Papa schneidet die Hecke.

W...

2. Bilde sinnvolle Sätze, schreibe sie auf und unterstreiche das Akkusativobjekt.

Niklas	holt ab	die Perlen
Lisa	malt	die Hausaufgabe
Frau Schöllchen	sortiert	ihre Freunde
Tina	erklärt	eine Ritterburg

....

....

....

....

....

3. Überlege dir zu den Fragen eigene Antworten. Sie dürfen witzig sein. Markiere dabei das Akkusativobjekt.

Was kauft Lisa im Supermarkt? ....

....

Wen trifft Zottel auf der Wiese? ....

....

Was frisst die kleine Katze gern? ....

....

Satzglieder

4. Unterstreiche im Text die Akkusativobjekte.

Im Garten gibt es viel Arbeit.

Papa holt den Rasenmäher aus dem Schuppen.

Lisa sortiert die Förmchen im Sandkasten.

Mama kämmt Zottel. Tom repariert die Fahrräder. Dann putzt er sie ganz gründlich. Opa streicht den Zaun. Oma holt die Gartenstühle aus dem Keller. Onkel Paul sucht den Spaten. Er will das Blumenbeet umgraben. Plötzlich entdeckt er eine kleine Maus. Sie verlässt gerade ein Erdloch. Lachend legt er den Spaten weg. Er sagt: „Ich will dich nicht vertreiben.“ Tina pflanzt mit Mama neue Himbeerbüsche. Tina isst am liebsten Himbeermarmelade. Sie braucht davon ein Glas in der Woche. Im Haus bereitet Oma schon das Abendessen vor. Heute deckt sie draußen den Tisch.

3 TEST

Unterstreiche die Subjekte in schwarz, die Prädikate in einer zweiten Farbe. Kreise die Akkusativobjekte ein.

In der Grundschule haben die Kinder auch
einen Schulgarten. Jede Klasse bekommt ein Beet.
Die Eltern haben Apfelbäume gepflanzt.
Frau Schöllchen kauft viele bunte Samentüten.
Jedes Kind sucht sich ein Tütchen aus.
Die erste Klasse wünscht sich ganz viele
Erdbeerpflanzen.
Tom und seine Freunde pflanzen jedes Jahr Kartoffeln.
Sie lieben Kartoffelsalat. Die 2b legt sogar
einen kleinen Teich an.
Die Kinder bringen Wasserpflanzen von zu Hause mit.
Eine Klasse baut ein Bohnenzelt.
Die Feuerbohnen bekommen leuchtend rote Blüten.
Der Hausmeister gibt die Gartengeräte aus.
Er gießt die Pflanzen auch in den Ferien.

Tipp:
Es bleiben manchmal Wörter übrig, die nicht unterstrichen oder eingekringelt werden.

1

Dativobjekt (Wem-Ergänzung)

Das **Dativobjekt** oder die **Wem-Ergänzung** ist der Teil des Satzes, mit dem auf die Frage **Wem?** geantwortet wird. Auch die Wem-Ergänzung kann aus **einem** oder **aus mehreren Wörtern** bestehen.
Das **Dativobjekt** hängt meist von einem **Prädikat** ab.

Das blaue Fahrrad gehört Tom.
Wem gehört das blaue Fahrrad?

2

1. Schreibe zu den Sätzen die Wem-Frage und unterstreiche dann das Dativobjekt (die Wem-Ergänzung).

In Toms Klasse sind alle Kinder sehr hilfsbereit.
Laura erklärt ihrem Nachbarn die Matheaufgaben.

Wem ....?

Tom zeigt dem Kindergartenkind den Weg auf den Schulhof.

Wem ....?

Stefan bindet dem Erstklässler die Schuhe zu.

Wem ....?

Mehmed bringt dem Hausmeister die Kakaoliste.

Wem ....?

Gianina öffnet der Lehrerin die Tür.

Wem ....?

Lea hat ihr Frühstück vergessen. Ben und Suse geben ihr etwas zu essen ab.

Wem ....?

2. Bilde Sätze, schreibe sie auf und unterstreiche die Wem-Ergänzung.

Der Lkw-Fahrer	schenkt	der kleinen Katze	eine neue Badewanne
Onkel Paul	kauft	dem kranken Kind	bunte Lesehefte
Frau Schöllchen	kocht	der Familie	ein Körbchen
Die Nachbarin	bringt	der 1. Klasse	Kakao

....

....

....

....

....

3. Heute Nachmittag ist Klassenfest in Lisas Klasse. Alle helfen bei den Vorbereitungen mit. Unterstreiche die Wem-Ergänzungen im Text.

Lisa reicht Frau Schöllchen die Girlanden. Paul leiht Tina und Mareike seine guten Stifte, um die Wegweiser zu schreiben. Murats Vater bringt den Kindern die Getränke. Nico, Sören und Lea holen den Erwachsenen große Stühle aus dem Lehrerzimmer. Frau Schöllchen erklärt dem Hausmeister den Sitzplan. Pia und Leon werden den Gästen heute Nachmittag Lose verkaufen. Mia und Lasse legen den kleinen Geschwistern Malblätter zurecht. Außerdem werden Suse und Ole ihnen Märchen vorlesen. Lisas Oma backt der Klasse einen großen Apfelkuchen. Lisa stellt ihr ganz stolz die Klassenlehrerin vor.
Endlich ist alles fertig!

4. *Hier sind die Dativobjekte (Wem-Ergänzungen) durcheinander geraten.*
   Unterstreiche die Dativobjekte und schreibe den Text richtig in dein Heft.

Im Zoo

Der Tierpfleger schüttet den Löwen einen Eimer frische Heringe auf die Felsen. Der Raubtierwärter bringt den Schafen eine große Portion Fleisch. Der Pförtner schenkt dem verletzten Elefantenbaby eine kleine Tüte Gummibärchen. Der Zoodirektor zeigt den Eisbären den neuen Kinderspielplatz. Der Schäfer schert den Papageien das Fell. Die Vogelexpertin füllt jedem Kind frisches Wasser in die Voliere. Der Tierarzt verbindet dem Bürgermeister den Fuß.

5. *Unterstreiche in den Sätzen die Akkusativobjekte und kreise die Dativobjekte ein. Achtung, nicht jeder Satz hat eines oder beide Objekte.*

a) Gestern kam Tante Kunigunde.
b) Sie brachte der ganzen Familie Geschenke mit.
c) Lisa und ihre Geschwister staunten sehr.
d) Tante Kunigunde schenkte Mama eine völlig verrostete Laubsäge.
e) Dem Papa überreichte sie rosarote Plüschpantoffeln.
f) Lisa packte einen karierten Motorradhelm aus.
g) Tina erhielt ein großes Paket Gänsefedern.
h) Tom gab sie eine kleine geheimnisvolle Schatzkiste.
i) Voller Freude umarmte er die Tante.
j) Sie zwinkerte ihm geheimnisvoll zu.

3 TEST

Unterstreiche in den Sätzen die Subjekte in dunkelblau und kreise damit die Prädikate ein. Nimm dann eine zweite Farbe und unterstreiche damit alle Akkusativobjekte und kreise alle Dativobjekte ein.

Neugierig öffnete Tom die Schatzkiste.

In der Schatzkiste entdeckte er ein Foto.

Das Foto zeigte ein süßes Hundebaby.

Überglücklich umarmte Tom die Tante.

Tante Kunigunde gab ihm nun eine große Schachtel.

Der kleine Hund knabberte schon den Karton an.

Schnell gab Tom dem Hundebaby etwas Hundefutter.

Lisa rief: „Jetzt hat Zottel auch ein Geschwisterchen!"

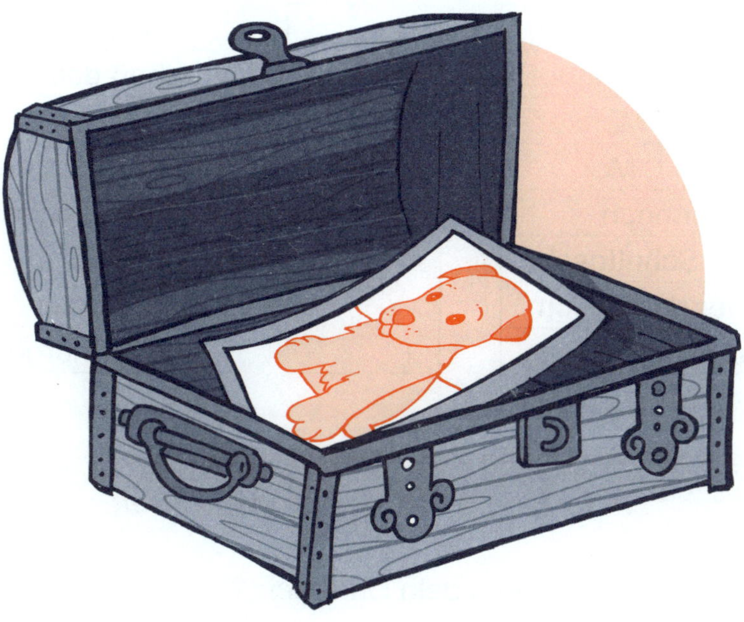

Satzglieder

1 Orts- und Zeitangaben

Sätze kann man in Satzglieder unterteilen.
Die wichtigsten Satzglieder sind das **Subjekt** und das **Prädikat**. Sie sind Bestandteil jeden Satzes.
Dazu gibt es die Satzergänzungen, nämlich die **Wen-oder-Was-Ergänzung (das Akkusativobjekt)** und die **Wem-Ergänzung (das Dativobjekt)**.
Zu den Satzergänzungen gehören auch die **Orts- und Zeitangaben**. Sie geben Auskunft darüber, wo und wann etwas passiert oder stattfindet.
Ortsangaben: Wo? Wohin? Woher?
Zeitangaben: Wann? Seit wann? Wie lange?

Wir treffen uns mit Tom und Tina um 18.00 Uhr am Eingang der Sporthalle.
Wo treffen wir uns? Wir treffen uns am Eingang der Sporthalle.
Wann treffen wir uns? Wir treffen uns um 18.00 Uhr.

2

1. Verbinde richtig.

heute Nachmittag	Zeit-angaben	kurz danach
auf dem Bahnhof		neben dem Haus
auf dem Monitor		dort
am 1. Mai		jeden Montag
danach		in der Klasse
in der Schultasche	Orts-angaben	im Gras
unter dem Tisch		später
zwei Stunden lang		übermorgen

2. Antworte im ganzen Satz und unterstreiche in deiner Antwort die Zeitangabe. Schreibe in dein Heft.

Wann beginnt morgens dein Unterricht?
Wie lange dauert bei euch die große Pause?

3. Bilde mindestens drei lustige Sätze, schreibe sie auf und unterstreiche die Ortsangabe in rot, die Zeitangabe in blau.

Niklas	bellt	stundenlang	im Kino
der Nachtwächter	kegelt	um Mitternacht	unter der Matratze
Zottel	wartet	letzte Woche	in der Hundehütte
die Tierpflegerin	singt	jeden Freitag	neben der Laterne
Papa	schläft	20 Minuten lang	hinter dem Haus
die Zeitungsfrau	würfelt	in der großen Pause	auf dem Fahrrad

....

....

....

....

....

4. Setze die passenden Ortsangaben ein.

im Tor **zur Sprungkuhle** **auf dem Sportplatz**
um den Platz

Tom trifft sich heute mit seinen Freunden ....
.................................., um für das Sportfest zu trainieren. Sie laufen einige Runden ...., bevor sie gemeinsam .... gehen. Anschließend spielen sie natürlich auch noch Fußball. Tom ist sehr stolz, er steht heute das erste Mal ....

Satzglieder

5. Frage nach den Orts- und nach den Zeitangaben. Unterstreiche die Ortsangabe im Text rot und die Zeitangabe blau.

Übermorgen beginnen die großen Ferien.

Wann ....?

Vor dem Haus packt Papa das Auto schon einmal zur Probe.

Wo ....?

Lisa ist schon seit zwei Tagen reisefertig.

Seit wann ....?

Alle ihre Kuscheltiere sind schon in ihrem Rucksack verstaut.

Wo ....?

Mama möchte heute am liebsten schon in Italien sein.

Wann ....?

Wo ....?

6. Welche dieser Orts- oder Zeitangaben passen nicht zu einem Sommerurlaub in Italien? Streiche sie durch.

in der Eisdiele	in eiskalter Nacht
Heilig Abend	am 14. März
in dem alten Kloster	während des Schneesturms
auf der Nordseeinsel	bei den Pyramiden
auf dem Parkplatz	um Mitternacht
am Strand	auf der Themse
in Rom	vor dem Unterricht
im Hotel	in Venedig

3 **TEST**

Unterstreiche die Ortsangaben im Text rot und die Zeitangaben blau.

Tom und Tina sind pünktlich an der Sporthalle.
Alle anderen Kinder laufen schon seit einiger Zeit auf dem Schulhof herum.
Genau um 18.00 Uhr kommt Herr Martens, der Sportlehrer, mit seinem Fahrrad auf den Schulhof gefahren.
Er schließt sofort die Sporthalle auf.
Dann stellt er das Rad in den Fahrradständer.
Tina holt ihre Sachen aus der Sporttasche und zieht sich um.
Zuletzt bindet sie ihre Turnschuhe zu und läuft in die Turnhalle.
Gemeinsam mit den anderen Kindern holt sie die Bälle aus dem Nebenraum.
Zehn Minuten lang dürfen die Kinder frei spielen.
Danach pfeift Herr Martens und alle Kinder versammeln sich im Mittelkreis.
Nach einer kurzen Besprechung stellen sie sich in zwei Mannschaften auf den Linien auf.
Das Training beginnt und die Kinder spielen bis 19.00 Uhr Handball.
Am Abend fallen Tom und Tina todmüde in ihr Bett.

1 **Angaben der Art und Weise**

Sätze kann man in Satzglieder unterteilen.
Die wichtigsten Satzglieder sind das **Subjekt** und das **Prädikat**. Sie sind Bestandteil jeden Satzes.
Dazu gibt es die Satzergänzungen, nämlich die **Wen-oder-Was-Ergänzung (das Akkusativobjekt)** und die **Wem-Ergänzung (das Dativobjekt)**.

Zu den Satzergänzungen gehören auch die **Angaben der Art und Weise**.
Sie geben Auskunft darüber, **wie** etwas passiert oder gemacht wird.
Angaben der Art und Weise: Wie? Womit?
Der Tierpfleger öffnet das Terrarium sehr vorsichtig.
Die Schlange beobachtet ihn mit starrem Blick.

2 *1. Unterstreiche die Angaben der Art und Weise.*
Mit welchem Wort musst du nach ihnen fragen?

a) Neugierig schaut der kleine Affe um die Ecke.

b) Das Dromedar schreitet gemächlich durch sein Gehege.

c) Der Löwe blinzelt schläfrig in der Sonne.

d) Zufrieden planscht das Nilpferd in seinem Bassin.

e) Die Bären warten hungrig auf die Fütterung.

f) Die Kaninchen kommen munter aus ihrem Bau.

g) Die Antilopen jagen sich voller Übermut.

h) Das kleine Zebra drückt sich ängstlich an seine Mutter.

i) Die Kinder warten ungeduldig darauf, dass sie am Eisstand vorbeikommen.

....

2. Bilde vier Sätze und unterstreiche die Angabe der Art und Weise.

Pia	wäscht	fleißig	die Gemüsesuppe
Lisa	macht	langsam	ihre Hausaufgaben
Oma	kocht	gründlich	den Goldhamster
Toms Klasse	füttert	vorsichtig	Flickas Foto
Papa	betrachtet	hungrig	den Wintermantel
Tinka	repariert	traurig	das Auto

....

....

....

....

....

3. Setze eine passende Ergänzung ein.

langsam und vorsichtig **mit viel Freude** **kraftvoll** **geduldig**

Lisa arbeitet .... in Opas Werkstatt. Am liebsten sägt sie .... Figuren aus Sperrholz aus. Anschließend bearbeitet sie das Holz .... mit Schleifpapier. Ihr Lieblingswerkzeug ist jedoch der Hammer. .... schlägt sie damit Nägel ins Holz.

4. Setze die passende Angabe der Art und Weise ein.

gut gelaunt **dunkelgrün** **sehr fleißig**

Papa ist heute .... von der Arbeit heimgekommen.

rückwärts **unglücklich** **haushoch**

Die Kinder in Lisas Klasse haben beim Sportfest .... gewonnen.

nur für Nudeln **mit viel Freude** **ohne Worte**

Oma und Opa erzählen .... Geschichten aus ihrer Kindheit.

mit Omas Hilfe **ohne Nadel und Faden** **aus Versehen**

Tina hat .... eine Kuscheldecke für Zottel genäht.

5. Welches sind Angaben der Art und Weise? Male diese Felder an.

heute morgen	voller Übermut
mit großem Geschick	auf dem Bahnhof
um neun Uhr	sehr selten
mit traurigen Augen	laut lachend
unter dem Schreibtisch	auf die Minute genau

3 **TEST**

Hier stimmt was nicht! Unterstreiche die Angabe der Art und Weise und ersetze sie.

Die Erdmännchen flitzen langsam und gemächlich durch den Sand.

....

....

Der Luchs schleicht völlig hektisch durch den Wald.

....

....

Der Albatros flattert sehr elegant durch die Luft.

....

....

Zwei Schimpansenkinder kreischen mucksmäuschenstill in den Bäumen.

....

....

Die Klapperschlange schlängelt sich polternd durch den Sand.

....

....

Die Giraffen stolzieren furchtbar ängstlich über die Steppe.

....

....

Satzglieder

1

Satzglieder umstellen, ersetzen oder weglassen

Die wichtigsten Teile eines Satzes sind das **Subjekt** und das **Prädikat**. **Alle anderen Satzglieder sind Ergänzungen.** Du erinnerst dich?
Es gibt die **Wen-Ergänzung** oder die **Was-Ergänzung**, die **Wem-Ergänzung** und die **Angaben der Zeit**, **des Ortes** und **der Art und Weise**.

Man kann Satzglieder umstellen, man kann aber auch Satzglieder hinzufügen oder weglassen.

Lisa malt.
Lisa malt ein Bild.
Lisa malt ihrer Schwester ein Bild.
Lisa malt ihrer Schwester in ihrem Zimmer ein Bild.
Lisa malt ihrer Schwester in ihrem Zimmer heimlich ein Bild.

Man kann Satzglieder **ersetzen**, ohne den Sinn des Satzes sehr zu verändern. **Diese Möglichkeit kannst du nutzen, um einen Text interessanter zu gestalten.**
Lisa freut sich.
Sie freut sich.
Das kleine Mädchen freut sich.
Tinas Schwester freut sich.

2

1. Kreise die einzelnen Satzglieder ein und stelle den Satz dann einmal um.

Tom und Opa reparieren in der Garage die Fahrräder.

....

Am Abend kommen Lisa und Marie glücklich vom Reiterhof zurück.

....

Zottel liegt nach dem langen Spaziergang im Park schlapp und müde in seinem Körbchen.

....

....

Tina erklärte ihrer Nachbarin heute die Matheaufgaben.

....

2. Bilde aus den Satzgliedern sinnvolle Sätze. Benutze erst drei, dann vier und dann fünf Satzglieder. Schreibe in dein Heft.

a) **die Kinder mit dem Zug besuchen ihre Tante in den Ferien in Bayern**
b) **im Krankenhaus ein riesiges Bild ihrem Bruder vorgestern malte Lisa**

3. Kreise die Satzglieder ein, lasse nach und nach immer ein Satzglied weg, bis nur noch Subjekt und Prädikat übrig bleiben. Schreibe die Sätze aus Subjekt und Prädikat in dein Heft.

Montags geht Papa mit seinen Freunden Ingo und Wolfgang schon seit vielen Jahren zum Fußballtraining in die Sporthalle am Hafen.
Lisa bringt nach dem Abendessen gemeinsam mit ihrer Kusine Lilly sehr liebevoll ihre Puppen und Kuscheltiere ins Bett.
Mama und Oma fahren nachmittags am liebsten mit dem Bus des netten Herrn Mahlke in die Innenstadt zum Einkaufen.

Satzglieder

4. Welches Prädikat passt?

macht **frühstückt** **vergisst**

Lisa .... nur ganz selten ihre Hausaufgaben. Frau Schöllchen lobt sie sehr dafür.

5. Lies die kurzen Texte und versuche, sie umzugestalten. Du darfst Satzglieder hinzufügen, ersetzen und vertauschen. Du kannst auch Pronomen benutzen. Schreibe in dein Heft

a) Lisa hat zum Geburtstag ein Malbuch geschenkt bekommen.
Lisa liebt Malbücher.
Lisa sitzt das ganze Wochenende in ihrem Zimmer und malt.
Auf Lisas Lieblingsbild sieht man zwei Ponys und ein Kätzchen auf einer Wiese.

b) Zottel ist heute weggelaufen.
Zottel hat einfach nicht auf Tom gehört.
Zottel war allein im Park.
Ein Nachbar hat Zottel zurück gebracht.
Opa hat sehr mit Zottel geschimpft.

*6. Verlängere den Satz. Wie viele Wörter findest du?
Benutze so viele Ergänzungen wie möglich.*

Tom.
Tom schreibt.

Tom schreibt ....

Tom schreibt ....

....

....

3 **TEST**

*Diese Sätze sind sehr kurz geraten.
Versuche, sie durch Ergänzungen zu verlängern.
Rechts siehst du, was du ergänzen sollst.*

Opa pflanzt im Garten Kartoffeln. — Angabe der Zeit

....

Tom besucht seinen Brieffreund. — Angabe des Ortes

....

Mama kauft neue Sportschuhe. — Wem-Ergänzung

....

Zottel vergräbt einen Knochen. — Angabe des Ortes, Angabe der Art und Weise

....

....

Lisa und Tom backen eine Erdbeertorte. — Wem-Ergänzung

....

Nomen

Kapitel 1: Nomen

Seite 6

1. Der Traum – ein Traum; der Elefant – ein Elefant; die Blüte – eine Blüte; der Riese – ein Riese; das Buch – ein Buch; der Turnschuh – ein Turnschuh; das Schwimmbad – ein Schwimmbad; die Kerze – eine Kerze; das Fahrrad – ein Fahrrad; die Schule – eine Schule; die Zeitung – eine Zeitung; der Basketball – ein Basketball; das Spielzeug – ein Spielzeug; die Familie – eine Familie

Seite 7

2.

der	*die*	*das*
Anspitzer	Mappe	Heft
Bleistift	Frühstücksdose	Radiergummi
Block	Haarspange	Lineal
Leseausweis	Trinkflasche	Foto
Tuschkasten	Fibel	Etui

3. Beispiellösung
der Anorak, die Bluse, der Gürtel, das Hemd, die Hose, der Pullover, die Socken, die Tasche, die Unterhose, die Weste

Seite 8

4. Lisa liebt es, morgens das erste Kind in der Klasse zu sein. Deshalb betritt sie am nächsten Morgen schon sehr früh die Schule.
Ein bisschen unheimlich ist es schon. Alle Räume sind noch dunkel.
Nur der Hausmeister ist schon da. Er repariert gerade ein Fenster, das im Sturm der letzten Nacht kaputtgegangen ist.
Lisa stellt den Ranzen ab, zieht ihre Schuhe aus und stellt sie in das Regal. Dann hängt sie die Jacke an ihren Haken und öffnet die Tür zum Klassenraum. Sie macht das Licht an und geht zu ihrem Platz.
Erstaunt bleibt sie stehen.

das Kind; die Klasse; der Morgen; die Schule; die Räume; der Hausmeister; das Fenster; der Sturm; die Nacht; der Ranzen; die Schuhe; das Regal; die Jacke; der Haken; die Tür; der Klassenraum; das Licht; der Platz.

5. GENUG|HEFT|LIEB|FRÜHSTÜCK|SCHIEF|BUCH|SCHLAFEN|KLEBSTOFF|BESSER|WIE|RANZEN|SO|AUF|SCHERE|VOLL

das Heft – das Frühstück – das Buch – der Klebstoff – der Ranzen – die Schere

Seite 9

Test
Auf Lisas Tisch liegt ein Briefumschlag.
Er ist aus gelbem Papier und Lisa erkennt darauf sofort ihren Namen. Der Umschlag ist mit einem kleinen Stern verziert.
Lisa setzt sich auf ihren Stuhl. Sie hält den Brief in ihrer Hand.
Dann öffnet sie vorsichtig den Umschlag. Es fallen einige bunte Sterne heraus.
Der Brief ist von Lisas Freundin Marie. Sie lädt Lisa ein, mit ihr am folgenden Sonntag ins Planetarium zu fahren.
Lisa freut sich sehr.

Auswertung zum Test
Für jedes richtig unterstrichene Nomen erhältst du einen Punkt.
Von insgesamt 22 Punkten hast du .... Punkte erreicht.

Super!	In Ordnung!	Bitte noch einmal üben!
22 bis 18 Punkte	17 bis 12 Punkte	Weniger als 12 Punkte

Seite 10

1.

der Stern	die Häuser
die Wolke	die Tage
das Haus	die Wünsche
der Tag	die Wolken
der Wunsch	die Geschenke
das Geschenk	die Sterne

2. die Bäume, die Kisten, die Babys (wenn du hier Babies geschrieben hast, dann hast du die Mehrzahl verwendet, wie sie im Englischen richtig wäre, im Deutschen heißt es jedoch Babys), die Fußbälle, die Töpfe, die Puppen, die Gräser, die Pferde, die Lampen, die Regale, die Ferien, die Schuhe, die Geschichten

Seite 11

3. Beispiellösung
der Hunger, das Gold, das Vieh, die Abwehr, der Bauschutt, die Reue

4. Lisa räumt auf. Sie hat alle **Stofftiere** aus dem Regal genommen und auf ihre beiden **Stühle** gesetzt. Dann hat sie ihre **Bilderbücher** auf dem Fußboden in zwei **Stapel** aufgeteilt. Sie lernt jetzt ja lesen und will die einfachen **Bücher** an kleinere **Kinder** verschenken. Sie füllt sie in große **Taschen**, um sie morgen in die verschiedenen **Gruppen** im Kindergarten zu bringen.

Seite 12

Test
Gestern waren Tim und seine **Schwestern** mit ihren Eltern im Zoo. Die **Kinder** lieben es, den Zoo zu besuchen. Zottel musste zu Hause bleiben, weil **Hunde** im Zoo verboten sind. Nachdem Papa das Eintrittsgeld bezahlt hatte, rannten die drei Kinder sofort durch die **Tore** am Eingang.
Lisa wollte zuerst zu den **Pinguinen**, weil sie diese Vögel in ihrem schwarzweißen Frack so liebt. Auf dem Weg dorthin kamen sie an den **Bären** vorbei, die müde in der Sonne dösten. Es war wirklich sehr warm und Mama wollte erst einmal frische **Getränke** für alle kaufen. Die **Elefanten** kühlten sich ab, indem sie sich gegenseitig mit Wasser bespritzten. Viele **Besucher** blieben hier stehen und lachten über die riesigen, grauen **Tiere**. Am Affengehege hatte gerade eine Fütterung begonnen. Die **Affen** stritten sich um die **Bananen**, die der Zoowärter in das Gehege warf.

Auswertung zum Test
Für jedes richtig eingesetzte Nomen erhältst du einen Punkt.
Von insgesamt 12 Punkten hast du .... Punkte erreicht.

Super!	In Ordnung!	Bitte noch einmal üben!
12 bis 10 Punkte	9 bis 7 Punkte	Weniger als 7 Punkte

Nomen

Seite 13

1. Schönheit, Wohnung, Tapferkeit, Dummheit, Einsamkeit, Kleidung, Dunkelheit, Erklärung, Freiheit, Meinung, Ausstellung, Müdigkeit, Gesundheit, Schwierigkeit, Klugheit, Geschwindigkeit

2.

die Schönheit	die Wohnung	die Tapferkeit
die Dummheit	die Kleidung	die Einsamkeit
die Dunkelheit	die Erklärung	die Müdigkeit
die Freiheit	die Meinung	die Schwierigkeit
die Gesundheit	die Ausstellung	die Geschwindigkeit
die Klugheit		

3.

Höflichkeit	häufig
Hoffnung	rechnen
Lösung	dunkel
Häufigkeit	lösen
Rechnung	faul
Dunkelheit	höflich
Faulheit	hoffen

Seite 14

4. a) die Sendung b) die Verletzung c) die Erklärung

Test

die Verpackung – die Kleidung – die Schwierigkeit – die Rettung – die Dummheit – die Sauberkeit – die Gemeinheit – die Übung – die Traurigkeit – die Krankheit – die Freundlichkeit – die Wanderung – die Zeichnung – die Zubereitung – die Füllung – die Klarheit – die Notwendigkeit – die Planung – die Werbung – die Zärtlichkeit

Auswertung zum Test

Für jede richtige Verbindung aus Artikel und Nomen erhältst du einen Punkt.
Von insgesamt 20 Punkten hast du .... Punkte erreicht.

Super!	In Ordnung!	Bitte noch einmal üben!
20 bis 17 Punkte	16 bis 11 Punkte	Weniger als 11 Punkte

Seite 15

1.

heizen	die Heizung
ehrlich	die Ehrlichkeit
verletzen	die Verletzung
sicher	die Sicherheit
pünktlich	die Pünktlichkeit
frei	die Freiheit
einladen	die Einladung
flüssig	die Flüssigkeit
entschuldigen	die Entschuldigung

Seite 16

2.

Z	E	U	G	N	I	S	F	I	A	L	T	E	R	T	U	M
W	R	V	E	B	R	A	R	H	A	V	W	R	E	C	B	A
A	E	D	H	S	R	M	E	K	O	D	E	G	I	E	R	N
C	I	M	E	A	T	M	U	I	L	R	W	E	C	D	E	N
H	G	L	I	S	U	L	N	Z	W	E	X	B	H	N	Z	S
S	N	I	M	F	M	U	D	I	P	D	T	N	T	I	R	C
T	I	Y	N	R	G	N	S	J	N	F	N	I	U	C	X	H
U	S	A	I	A	E	G	C	N	V	C	G	S	M	J	G	A
M	W	R	S	J	Ü	G	H	S	W	Q	M	D	W	L	O	F
J	E	F	H	L	A	U	A	E	I	G	E	N	T	U	M	T
B	O	T	S	C	H	A	F	T	F	T	Z	M	Ö	P	T	P
T	U	Q	H	L	O	R	T	S	C	H	A	F	T	B	D	I

das Zeugnis, das Altertum, das Wachstum, das Ereignis, das Geheimnis, der Irrtum, die Sammlung, die Freundschaft, das Ergebnis, der Reichtum, die Mannschaft, das Eigentum, die Botschaft, die Ortschaft

3. Das Ergebnis, das Wachstum, die Ortschaft, das Gefängnis, die Wissenschaft.

4.

wagen	das Ereignis
ereignen	die Erkenntnis
geheim	das Wagnis
hindern	die Erlaubnis
erkennen	das Geheimnis
erlauben	das Hindernis

Seite 17

Test

Mit Spannung haben die Kinder auf den ersten Ferientag gewartet. Opa und Oma hatten ihnen eine Überraschung angekündigt. Am Morgen weckte Opa die Kinder schon sehr früh und rief: „Aufstehen, wir tun heute etwas für unsere Gesundheit!“ Nach dem Frühstück stiegen sie ins Auto und fuhren eine Weile, bis sie an den Fluss kamen. Dort machten sie eine tolle Entdeckung. Am Ufer lag ein Ruderboot! Lisa war etwas ängstlich. Sie hatte noch nie gerudert! Das würde mit Sicherheit sehr schwer sein. Aber Opa machte ihr Mut, seine Freundlichkeit beruhigte sie. Er hatte Recht. Die Bootsfahrt war ein ganz besonderes Erlebnis. Es wurde ein wunderbarer Tag und die Kinder bedankten sich am Abend für die Einladung.

Auswertung zum Test

Für jedes richtig eingesetzte Nomen erhältst du einen Punkt.
Von insgesamt 8 Punkten hast du .... Punkte erreicht.

Super!	In Ordnung!	Bitte noch einmal üben!
8 bis 7 Punkte	6 bis 5 Punkte	Weniger als 5 Punkte

Nomen

Seite 18

1. Toms Klasse veranstaltet heute ein Spielefest. Alle bringen etwas mit. Paul hat seinen Fußball in der Sporttasche, Tina hat zwei Tennisschläger dabei, Lisa schleppt ihr Puppenhaus heran, Tim packt zwei Würfelspiele aus, Hanna hat Förmchen für den Sandkasten dabei, Ben spannt ein Gummiseil zwischen zwei Bäume.

   Das Wort „Förmchen" musstest du auch unterstreichen, da es aus einem Nomen und eine Nachsilbe (chen) zusammengesetzt ist.

2.

Kleider	Baum
Apfel	Ende
Frage	Buch
Kinder	Stange
Wochen	Zeichen

   die Kleiderstange, der Apfelbaum, das Fragezeichen, das Kinderbuch, das Wochenende

Seite 19

3. Du musstest die Wörter Küche, Schrank, Nudeln und Rechner einkreisen.

   Beispiellösung für die zusammengesetzten Nomen und die sechs Sätze:
   Futterdose, Leinenzwang, Spielzeugladen, Lichtschein, Landungsfeuer, Mondsichel, Buchhandlung, Arbeitsbeginn, Feierabend, Babyrassel, Haarnetz, Henkelkorb.

   Der Spielzeugladen hat schon geschlossen. Die Verkäufer haben Feierabend. Es ist auch schon wirklich spät, man sieht die Mondsichel am Himmel. Die Sterne sieht man aber nicht, der Lichtschein der Landungsfeuer des nahen Flughafens ist zu hell. Und auch das Schaufenster der Buchhandlung ist noch erleuchtet. Bis zum Arbeitsbeginn am nächsten Morgen bleibt die Straße ruhig. Lediglich ein Hund, der wohl vom Leinenzwang nichts gehört hat, scheint einer leckeren Futterdose hinterherzujagen.

Test

die Schule das Haus	das Schulhaus
die Lampe der Schirm	der Lampenschirm
die Küche der Tisch	der Küchentisch
die Blume der Topf	der Blumentopf
die Butter das Brot	das Butterbrot
das Tier der Arzt	der Tierarzt

Auswertung zum Test
Für jedes richtige Wort mit Artikel und Unterstreichungen erhältst du einen Punkt.
Von insgesamt 6 Punkten hast du .... Punkte erreicht.

Super!	In Ordnung!	Bitte noch einmal üben!
6 bis 5 Punkte	4 bis 3 Punkte	Weniger als 3 Punkte

1.

kochen	Buch
schlafen	Tisch
lesen	Löffel
turnen	Anzug
tuschen	Becken
kleben	Schuh
waschen	Stoff
schreiben	Kasten

Seite 20

der Kochlöffel, der Schlafanzug, das Lesebuch, der Turnschuh, der Tuschkasten, der Klebstoff, das Waschbecken, der Schreibtisch

2. Lisa und Tina machen einen Einkaufsbummel. Sie wollen ein Geburtstagsgeschenk für Mama und eine neue Hundeleine für Zottel kaufen. Zuerst gehen sie in ein Schmuckgeschäft. Dort finden sie eine schöne Perlenkette für Mama. Die Verkäuferin packt sie in Geschenkpapier ein. Die Kinder stecken Kette und Wechselgeld ein und gehen weiter in eine Zoohandlung. Sie kaufen eine Leine und etwas Spielzeug für Zottel. Zum Abschluss besuchen sie eine Eisdiele und bestellen sich eine große Trinkschokolade.

Seite 21

Test
der Wasserfall, der Wasserhahn, die Wasserrutsche, die Wasserleitung, der Wasserfrosch, der Wassertropfen, die Wasserflasche, das Badewasser, das Regenwasser, das Trinkwasser

Hinweis: Manchmal lassen sich auch ungewöhnlichere Wörter zusammensetzen. Beispiele: Leitungswasser (also nicht Wasser aus der gekauften Wasserflasche), Froschwasser (ließe sich in einer Geschichte verwenden, wenn man darauf hinweisen will, dass ein Teich vielleicht voller Frösche ist: „Wir trafen uns also am Alserteich, der ein richtiges Froschwasser ist.“)

Auswertung zum Test
Du musst mindestens 10 Worte gefunden haben und du erhältst für jedes einen Punkt.
Von insgesamt 10 Punkten hast du .... Punkte erreicht.

Super!	In Ordnung!	Bitte noch einmal üben!
10 bis 9 Punkte	8 bis 6 Punkte	Weniger als 6 Punkte

1. WILD|SCHWEIN BUNT|STIFT HAUS|TÜR
KLEIDER|SCHRANK FAHR|RAD SCHWIMM|BAD
TIER|FILM SPRECH|STUNDE DICK|KOPF
KARTEN|SPIEL REGEN|WOLKE TRINK|BECHER

Seite 22

2. der Regenschirm, die Schildkröte, der Frechdachs, das Spielfeld

3. Es ist aus sieben Wörtern zusammengesetzt: die Puppe, das Haus, die Beleuchtung, die Anlage, der Verkauf, die Abteilung, der Direktor. Direktor ist das Grundwort.

4. die Hundehütte, die Schokoladentafel, der Winterstiefel, das Waffeleisen

Seite 23

Test

das Himmelbett NN
der Sonnenaufgang NN
das Märchenbuch NN
der Winterstiefel NN
der Radiergummi VN
der Lautsprecher AN
der Schreibblock VN
das Schwimmbad VN

Auswertung zum Test

Für jede richtige Unterstreichung, für jeden richtigen Artikel und für die korrekten Angaben zu den verwendeten Wortarten erhältst du einen Punkt.
Von insgesamt 24 Punkten hast du .... Punkte erreicht.

Super!	In Ordnung!	Bitte noch einmal üben!
24 bis 20 Punkte	19 bis 13 Punkte	Weniger als 13 Punkte

Seite 24

1. Tina, Lisa, Meike und Marie wollen heute ins Schwimmbad fahren. Sie treffen sich um 14.00 Uhr an der Bushaltestelle. Der Busfahrer ist sehr freundlich. Er erklärt genau, wo sie aussteigen müssen. Als er gerade losfahren will, kommt Marie noch angerannt. Sie winkt und ruft, er öffnet die Türen wieder für sie. Sie steigt atemlos ein. „Warum kommst du so spät?“, fragt Tina. „Ich konnte mein Schwimmzeug nicht finden, es lag ganz versteckt in der untersten Schublade. Aber mein Bruder hat mir geholfen, es zu suchen. Er hat es schließlich entdeckt“, erklärt Marie. „Freut ihr euch schon aufs Schwimmen?“ „Na klar“, antworten die Freundinnen. „Wir machen uns einen richtig schönen Tag.“

2. Die Mädchen treffen sich um 14.00 Uhr. Der Busfahrer erklärt genau. Marie winkt. Das Schwimmzeug lag ganz versteckt. Mein Bruder hat es entdeckt.

Seite 25

3. a) Sie liest.
   b) Sie tauchen.
   c) Sie kauft Eis.
   d) Es weint.
   e) Sie scheint.
   f) Er pfeift.

Test

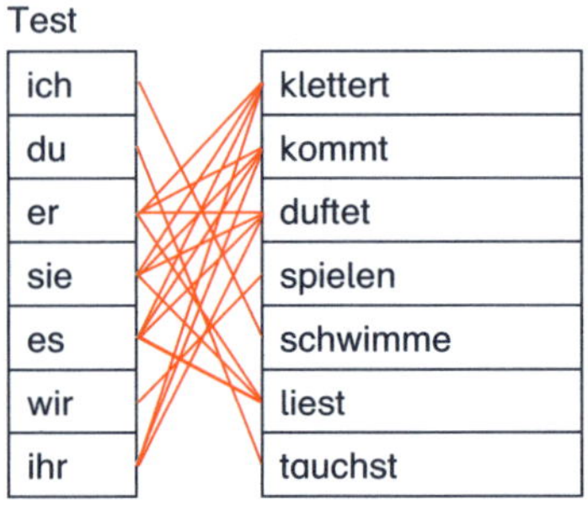

Auswertung zum Test

Du solltest mindestens 15 Verbindungslinien gezeichnet haben und erhältst für jede richtige einen Punkt. Für falsche musst du dir allerdings wieder je einen Punkt abziehen.
Von insgesamt 15 Punkten hast du .... Punkte erreicht.

Super!	In Ordnung!	Bitte noch einmal üben!
15 bis 13 Punkte	12 bis 8 Punkte	Weniger als 8 Punkte

1. HAUS|OPA|ZWISCHEN|RECHNEN|STUHL|AN|NUSS|MIT|KISTE|LESEN|ZUR|AUTO|VOM|BUCH|SOFA|LACHEN|VOR|LISA|BEIM|RUND|AUF|SCHULE|AUS|HEIZUNG|ZUM|STUHL|AM|SPIELEN|BEI|ESEL|VON|SCHATZ|IN|WITZ|UNTER|MONTAG|IM|SPIEGEL Seite 26

   zwischen, an, mit, zur, vom, vor, beim, auf, aus, zum, am, bei, von, in, unter, im

   Beispiellösung
   Zwischen zwei Buchseiten ist oft nur Staub. An dieser Tür hängt ein Kranz. Gehe ich mit Opa ins Kino? Zur Vorstellung kommen viele Kinder. Tom hat vom Lehrer eine kleine Überraschung bekommen. Vor sechs Uhr stehe ich nie auf. Beim Sport fühle ich mich richtig wohl. Zwei Katzen streiten auf dem Dach. Aus Verzweiflung wuchs Mut. Das ist doch zum Mäusemelken. Ayse kommt am Montag wieder aus dem Urlaub zurück. Bei Gianna ist es immer lustig. Wir fahren gerade von Kleinkleckersdorf nach Großkleckerhausen. In der Stadt gehen heute viele Leute auf den Marktplatz, dort ist ein Konzert. Ich finde die Schraube nicht, nein, da ist sie ja, sie liegt unter dem Sofa. Im Zoo brüllen die Löwen.

2. Die Kinder haben im Schwimmbad viel Spaß.
   Lisa liegt auf der Decke und liest.
   Der Bademeister steht beim Kinderbecken und passt auf.
   Tom springt vom Sprungturm ins Wasser.
   Jonas steht am Kiosk und kauft ein Eis.
   Charlotte sitzt auf der Bank und sieht den Schwimmern zu.
   Carla sucht zwischen den Handtüchern nach ihrer Uhr.
   Tina spielt mit Tim und Jana Fußball.
   Zottel sitzt vor dem Eingang und wartet auf die Kinder.

   im Schwimmbad, auf der Decke, beim Kinderbecken, vom Sprungturm, am Kiosk, auf der Bank, zwischen den Handtüchern, mit Tim und Jana, vor dem Eingang

3. im = in dem, zum = zu dem; am = an dem Seite 27

Test
Tina, Marie und zwei andere Mädchen stehen schon an (oder: vor/neben/bei) der Bushaltestelle, als die anderen Kinder aus ihrer Klasse sich am (oder: an dem, beim, bei dem) Fahrradständer treffen. Sie verstauen ihre Taschen auf dem Gepäckträger und treten kräftig in die Pedale. Beim Losfahren ruft Sarah: „Lasst uns auf dem Fahrradweg fahren, das ist viel sicherer!" Lisa ist auch dabei. Sie fährt mit (oder: neben/hinter/bei/vor) Tom am Anfang der Gruppe. Zottel läuft neben (oder: zwischen/bei, vor hinter) ihren Fahrrädern. Bald sind sie am (oder: an dem) Stadtrand angelangt. Die ersten Kinder verabschieden sich von der Gruppe und biegen in ihre Straßen ein. Es war ein schöner Tag, bald werden sie müde unter ihrer Bettdecke liegen und vom (oder: von dem) Meer träumen.

Auswertung zum Test
Für jede richtige Präposition erhältst du einen Punkt.
Von insgesamt 14 Punkten hast du .... Punkte erreicht.

Super!	In Ordnung!	Bitte noch einmal üben!
14 bis 12 Punkte	11 bis 8 Punkte	Weniger als 8 Punkte

Kapitel 2: Verben

Seite 28

1. laufen, schwimmen, malen, holen, bellen, kaufen, lernen, rennen, schneien, sagen, gehen, rufen, entdecken, fahren, bauen, regnen

Seite 29

2. Lisa liest in ihrem Lieblingsbuch, Papa kocht Spaghetti, Mama streicht den Zaun, Onkel Paul repariert das Fahrrad, Tim übt mit seinem Freund für die Mathearbeit, Opa baut ein Vogelhaus, Tina näht ein Kuscheltier, Tante Kunigunde putzt die Fenster, Zottel schläft und träumt von der Nachbarskatze.

   Lisa liest – lesen, Papa kocht – kochen, Mama streicht – streichen, Onkel Paul repariert – reparieren, Tim übt – üben, Opa baut – bauen, Tina näht – nähen, Tante Kunigunde putzt – putzen, Zottel schläft und träumt – schlafen und träumen (oder: Zottel schläft – schlafen, Zottel/er träumt – träumen)

3.

gehen	sie schläft
erzählen	ich lache
schlafen	du gehst
rennen	wir finden
finden	sie erzählen
lachen	er rennt

Seite 30

4.

	lernen	*schreiben*	*rechnen*
ich	lerne	schreibe	rechne
du	lernst	schreibst	rechnest
er/sie/es	lernt	schreibt	rechnet
wir	lernen	schreiben	rechnen
ihr	lernt	schreibt	rechnet

5.

	basteln	*schneiden*	*kleben*
ich	bastle	schneide	klebe
du	bastelst	schneidest	klebst
er/sie/es	bastelt	schneidet	klebt
wir	basteln	schneiden	kleben
ihr	bastelt	schneidet	klebt

Seite 31

Test

a) Papa bastelt den ganzen Tag am Auto herum. basteln
b) Oma kocht aus den Erdbeeren Marmelade. kochen
c) Zottel frisst am liebsten kleine Würstchen. fressen
d) Lisa und ihre Freundin gruseln sich im dunklen Garten. gruseln
e) Opa sammelt schon seit vielen Jahren Briefmarken. sammeln

f) Tom geht jeden Mittwoch mit Jonas und Paul zum Fußball. gehen
g) Mama ärgert sich über das Durcheinander im Kinderzimmer. ärgern
h) Tina flüstert und kichert im Kino mit ihrer Freundin. flüstern, kichern
i) Papa und Tim klettern in den Apfelbaum. klettern

Auswertung zum Test
Für jedes richtig unterstrichene Verb erhältst du einen Punkt. Einen weiteren Punkt bekommst du für jede richtig geschriebene Grundform.
Von insgesamt 20 Punkten hast du .... Punkte erreicht.

Super!	In Ordnung!	Bitte noch einmal üben!
20 bis 17 Punkte	16 bis 11 Punkte	Weniger als 11 Punkte

1. a) er krächzt, krächzen b) er pfeift, pfeifen Seite 32
c) er bellt, bellen d) sie meckert, meckern
e) sie miaut, miauen f) sie schreien, schreien
g) er blubbert, blubbern h) sie piepst, piepsen

2. Ich laufe, er schleicht, du gehst, sie fliegen (oder: sie fliegt), wir schleichen, ihr fallt, sie hüpfen, er rennt, du springst, sie humpelt (oder: sie humpeln) Seite 33
Die Verben gehören zum Wortfeld gehen.

3. Heute geht Lisa mit Zottel in den Park. Zottel liebt solche Ausflüge. Er zertt an der Leine und kann es kaum erwarten. Als sie an der großen Wiese ankommen, löst Lisa die Leine. Zottel springt vor Freude um sie herum. Er jagt hin und her. Sofort findet er ein Stöckchen und bringt es zu Lisa. Lisa holt aus und wirft den Stock weit weg. Zottel rennt hinterher. Seite 34
Dann treffen sie Nico, den Schäferhund von nebenan. Nico bellt und begrüßt Lisa und Zottel voller Freude. Die Hunde spielen eine Weile zusammen, dann läuft Nico zu seinem Herrchen zurück. Am Abend schleicht Zottel müde hinter Lisa her nach Hause.

4. Zottel ~~belle~~. Lisa erschrickt. Beide ~~rennt~~ weg.

5. Tina leiht ein Buch aus. Sie bereitet ein Referat vor und braucht Informationen über Tiere in Afrika. Opa und Mama helfen ihr. Sie arbeitet viele Stunden. Tom sagt: „Du machst das ganz prima. Ich bewundere dich.“ Tina strahlt. Seite 35

Test

schreiben	er schreibt
arbeiten	ich arbeite
erklären	du erklärst
zeichnen	Tina zeichnet

überlegen	wir überlegen
lesen	Paul liest
basteln	sie bastelt
rechnen	Jule rechnet

Auswertung zum Test
Für jedes richtig eingesetzte Verb erhältst du einen Punkt.
Von insgesamt 8 Punkten hast du .... Punkte erreicht.

Super!	In Ordnung!	Bitte noch einmal üben!
8 bis 7 Punkte	6 bis 5 Punkte	Weniger als 5 Punkte

Verben

Seite 36

1. In der Grundschule ist heute Kunst-Projekttag. Tom und Lisa freuen sich sehr. Herr Kauffeld, ein bekannter Maler, besucht heute ihre Schule. Eigentlich lebt er in Berlin. Alle Kinder kommen in der großen Halle zusammen. Herr Kauffeld zeigt einige seiner Bilder und erzählt viel über seine Arbeit. Die Kinder hören interessiert zu und stellen ihm viele Fragen. Danach besucht Herr Kauffeld jede Klasse für sich.
   In Toms Klasse erwarten ihn die Kinder schon ganz aufgeregt. Auf jedem Tisch liegt schon Papier, der Tuschkasten ist vorbereitet. Herr Kauffeld malt mit den Kindern. Er hilft ihnen beim Mischen der Farben und gibt ihnen Tipps. Schließlich verrät er ihnen noch einige Tricks aus seiner Malerwerkstatt.
   Er bewundert die Bilder, die in der Klasse hängen, und redet lange mit den Kindern. Schließlich kommt noch der Fotograf der Tageszeitung und macht Aufnahmen von der gemeinsamen Arbeit. Er bittet die Kinder um einen Bericht. Das machen die Kinder gern. Zwei Tage später lesen sie ihren eigenen Text tatsächlich in der Zeitung und staunen über das gelungene Foto.

2. (es ist, sein); sie freuen sich, sich freuen; er besucht, besuchen; er lebt, leben; sie kommen, kommen; er zeigt, zeigen; er erzählt, erzählen; sie hören zu, zuhören; sie stellen, stellen; er besucht, besuchen; sie erwarten, erwarten; es liegt, liegen; (er ist, sein); er malt, malen; er hilft, helfen; er gibt, geben; er verrät, verraten; er bewundert, bewundern; sie hängen, hängen; er redet, reden; er kommt, kommen; er macht, machen; er bittet, bitten; sie machen, machen; sie lesen, lesen; sie staunen, staunen

Seite 37

3.

Tina geht	ich habe gegessen	Papa kochte	sie bastelt
Oma kommt	wir bauen	du arbeitest	ich schrieb
Ben malte	Mama zeichnet	Simon fuhr	Tina telefoniert

Test

Seit Herr Kauffeld in der Schule war, hat Tom einen neuen Berufswunsch. Er möchte später gern ein berühmter Maler sein. In seinem Zimmer öffnet er sein Sparschwein und zählt sein Geld. Dann geht er in das Schreibwarengeschäft am Markt und sucht sich einen neuen Farbkasten aus.
Er nimmt noch einen ganz besonders feinen Pinsel und überlegt lange, welches Papier er wohl kaufen soll. Jetzt malt und zeichnet Tom jeden Tag. Er fragt seine Eltern, ob er dienstags zu einem Kinderkurs in der Kunstschule gehen darf.
Lisa bewundert ihren Bruder sehr.

Auswertung zum Test

Für jedes richtig eingesetzte Wort erhältst du einen Punkt.
Von insgesamt 15 Punkten hast du .... Punkte erreicht.

Super!	In Ordnung!	Bitte noch einmal üben!
15 bis 12 Punkte	11 bis 8 Punkte	Weniger als 8 Punkte

Seite 38

1.

finden	wir ritten
reiten	sie baute
lesen	er fand
bauen	sie lasen

2. Gestern wollten Tom und Lisa ihre Familie überraschen. Sie schlichen frühmorgens in die Küche und machten das Frühstück. Lisa holte Butter, Milch und Joghurt aus dem Kühlschrank und stellte alles auf das Tablett. Sie legte Käse und Wurst auf einen Teller. Tom deckte den Tisch. Dann rief er nach Zottel, nahm ihn an die Leine, und beide gingen zum Bäcker. Dort kaufte er frische Brötchen. Als er die Haustür öffnete, duftete es schon nach frischem Kaffee und nach Kakao. Zottel bellte laut und weckte so den Rest der Familie auf. Alle freuten sich sehr über die gelungene Überraschung.

Seite 39

3. sie schlichen – schleichen; sie machten – machen; sie holte – holen; sie stellte – stellen; sie legte – legen; er deckte – decken; er rief – rufen; er nahm – nehmen; sie gingen – gehen; er kaufte – kaufen; er öffnete – öffnen; er duftete – duften; er bellte – bellen; er weckte auf – aufwecken; sie freuten sich – sich freuen

4. a) Heute trägt Lisa einen roten Pullover.
   Gestern trug sie ihr blaues Kleid.
   b) Heute geht sie mit Zottel in den Park.
   Gestern ging sie mit ihm am Fluss entlang.
   c) Heute trifft sie sich mit ihrer Freundin Pauline.
   Gestern traf sie sich mit Ole und Lukas.
   d) Heute gibt es Spaghetti und Tomatensoße.
   Gestern gab es Rührei mit Spinat.
   e) Heute hat sie sehr viele Hausaufgaben auf.
   Gestern hatte sie nur Aufgaben in Mathematik.

5. Bei „hüpfen“ und „bauen“ wird der Wortbaustein am Ende verändert, der Wortstamm bleibt gleich. Bei „gehen“ und „lesen“ verändert sich das Wort in der Vergangenheit sehr, der Wortstamm bleibt nicht gleich.

Seite 40

6. Einzukreisen waren:
er fuhr, sie gab, er unterstützte, ich verschenkte, wir erklärten, sie öffnete, er stolperte

7.

Grundform	***Gegenwart***	***Präteritum***
holen	ich hole	ich holte
malen	ich male	ich malte
arbeiten	er arbeitet	er arbeitete
kaufen	sie kauft	sie kaufte
kochen	wir kochen	wir kochten
spielen	du spielst	du spieltest
lesen	ich lese	ich las
schreiben	ihr schreibt	ihr schriebt

Verben

Seite 41 Test

Als wir klein waren, lebten wir in einem kleinen Dorf. Oma hatte drei Schwestern. Opa und seine Familie wohnten auf einem Bauernhof am Rande des Dorfes. Wir Kinder trafen uns fast jeden Tag. Wir spielten auf der großen Wiese hinter dem Haus, im Sommer schwammen wir im Dorfteich. Am Abend halfen wir, die Tiere in den Stall zu bringen, das machte sehr viel Spaß. Einmal lief uns eine kleine Ziege weg. Den ganzen Abend suchten wir nach ihr, schließlich entdeckten wir sie im Hühnerstall. Da waren wir erleichtert.

Auswertung zum Test

Für jedes richtige Verb erhältst du einen Punkt.

Von insgesamt 12 Punkten hast du .... Punkte erreicht.

Super!	In Ordnung!	Bitte noch einmal üben!
12 bis 10 Punkte	9 bis 7 Punkte	Weniger als 7 Punkte

Seite 42

1. ich komme – ich kam; er gibt – er gab; sie schläft – sie schlief; wir wandern – wir wanderten; sie graben – sie gruben; das Baby isst – das Baby aß

2. Tina nahm das Kochbuch. Sie schlug die Seite mit dem Rezept für Spaghetti mit Tomatensoße auf. Tom öffnete den Kühlschrank und stellte alle Zutaten auf den Küchentisch. Lisa band sich Mamas große Schürze um. Es konnte losgehen. Tom goss Wasser in den großen Kochtopf und streute Salz hinein. Lisa schnitt Zwiebeln und Tomaten und Tina stellte die Pfanne auf den Herd. Darin wurde das Hackfleisch mit den Zwiebeln angebraten, später schüttete Lisa die Tomatenstücke dazu. Inzwischen kochte das Wasser, Tom gab vorsichtig die Nudeln hinein. Nun stellte er den Küchenwecker auf neun Minuten ein. Die Soße duftete schon sehr gut. Lisa rührte sie sorgfältig um. Der Küchenwecker klingelte. Die Nudeln waren gut! Tina half Tom dabei, das Wasser abzugießen, und schmeckte die Soße ab. Lecker! Lisa deckte den Tisch, Tom rieb noch etwas Käse. Das Essen war fertig!

Seite 43

3. finden, gehen, heben, essen

Test

Gestern kochte Tom Pudding. Zuerst las er das Rezept genau. „Alles klar“, dachte er. Aber dann ging alles schief. Die Milch lief über, der Pudding brannte an, schließlich fiel auch noch die Schüssel zu Boden. Tom schimpfte laut. Zottel aber freute sich und stürzte sich auf die süße Masse am Boden.

Auswertung zum Test

Für jedes richtig eingesetzte Verb erhältst du einen Punkt.

Von insgesamt 10 Punkten hast du .... Punkte erreicht.

Super!	In Ordnung!	Bitte noch einmal üben!
10 bis 9 Punkte	8 bis 6 Punkte	Weniger als 6 Punkte

Seite 44

1.

schneiden	ich raste
rechnen	sie las
schreiben	ich malte
tippen	sie fand
lesen	sie rechnete
malen	er schnitt
rasen	ich tippte
finden	er schrieb

2. Heute hat Mama mir die Haare geschnitten. Im Briefkasten habe ich einen Brief gefunden (oder: entdeckt), den meine Kusine mir geschrieben (oder: geschickt) hat. Ich habe ihn gleich drei Mal gelesen (oder: durchgelesen).

Seite 45

3. a) ~~zog/aß/~~bekam
   b) ~~kroch/~~erschrak~~/schwamm~~
   c) nahm~~/schrie/lief~~

4. a) ich laufe – ich lief – ich bin gelaufen
   b) sie leidet – sie litt – sie hat gelitten
   c) er wäscht – er wusch – er hat gewaschen

Test

Grundform	***1. Vergangenheit (Präteritum)***
schwimmen	ich schwamm
gehen	du gingst
fahren	er fuhr
kommen	sie kamen
trinken	das Baby trank
schlafen	wir schliefen
sprechen	sie sprachen
stehen	ihr standet

Auswertung zum Test
Für jede richtig eingesetzte Form erhältst du einen Punkt. Von insgesamt 8 Punkten hast du .... Punkte erreicht.

Super!	In Ordnung!	Bitte noch einmal üben!
8 bis 7 Punkte	6 bis 5 Punkte	Weniger als 5 Punkte

Seite 46

1.

träumen	wir sind gegangen
turnen	er hat geschrieben
gehen	sie sind gelaufen
fahren	ich habe geträumt
schreiben	sie hat geturnt
laufen	du bist gefahren

2. Heute schreibe ich eine E-Mail an meine Schwester, gestern habe ich einen Brief an meinen Bruder geschrieben.

Verben

Seite 47

3. ***haben:*** ich habe, du hast, er, sie, es hat, wir haben, ihr habt, sie haben
sein: ich bin, du bist, er, sie, es ist, wir sind, ihr seid, sie sind

4. Die Kinder in Toms Klasse haben gestern Besuch bekommen. Zwei afrikanische Kinder haben ihnen von ihrer Heimat erzählt. Zuerst haben sie den Kindern auf der großen Landkarte gezeigt, wo Kamerun liegt. Sophia hat viele Fotos mitgebracht. Sie hat ihnen darauf die Wohnhäuser ihres Dorfes und die Schule gezeigt. Dodo und Sophia haben auch ihren Stundenplan vorgelesen. Anschließend hat Dodo viel vom Unterricht berichtet, er hat auch von den strengen Lehrern erzählt. Dodo hat extra das Fußballtrikot seiner Schulmannschaft angezogen. Mittags ist Sophias Mutter in die Schule gekommen. Sie hat mit den Kindern ein afrikanisches Gericht gekocht. Danach haben alle gemeinsam gegessen.

Seite 48

5.

Grundform	***Präteritum***	***Perfekt***
reisen	ich reiste	ich bin gereist
finden	ich fand	ich habe gefunden
gehen	ich ging	ich bin gegangen
arbeiten	ich arbeitete	ich habe gearbeitet
sprechen	ich sprach	ich habe gesprochen
wandern	ich wanderte	ich bin gewandert
sehen	ich sah	ich habe gesehen
fahren	ich fuhr	ich bin gefahren

6. Tina und Tom haben ihren Atlas aus dem Regal geholt. Sie haben als Erstes Afrika gesucht. Tina hat Kamerun gleich entdeckt. Tom hat sich erinnert, dass Jaunde die Hauptstadt von Kamerun ist.

Seite 49

Test

a) Lisa und Pia treffen sich am Nachmittag. Lisa und Pia haben sich am Nachmittag getroffen.
b) Sie fahren mit den Inlinern in den Park. Sie sind mit den Inlinern in den Park gefahren.
c) Dort drehen sie eine große Runde um den See. Dort haben sie eine große Runde um den See gedreht.
d) Zottel läuft immer neben ihnen her. Zottel ist immer neben ihnen hergelaufen.
e) Plötzlich bleibt er stehen. Plötzlich ist er stehengeblieben (oder stehen geblieben).
f) Er schaut nach oben und bellt laut. Er hat nach oben geschaut und hat laut gebellt.
g) Die beiden Mädchen wundern sich. Die beiden Mädchen haben sich sehr gewundert.
h) Dann sehen auch sie die kleinen Eichhörnchen. Dann haben auch sie die kleinen Eichhörnchen gesehen.

Auswertung zum Test

Für jedes richtig unterstrichene Verb erhältst du einen Punkt. Außerdem bekommst du für jeden richtig geschriebenen Satz einen weiteren Punkt.
Von insgesamt 16 Punkten hast du .... Punkte erreicht.

Super!	In Ordnung!	Bitte noch einmal üben!
16 bis 13 Punkte	12 bis 9 Punkte	Weniger als 9 Punkte

1. Ich werde in England leben. Wir werden mit Mini-Computern arbeiten. Die Autos werden von selbst wissen, wohin sie fahren sollen. Schon ganz kleine Kinder werden ein Handy haben. Es wird jeden Tag ein Raumschiff zum Mond starten. Ich werde in fünfzig Jahren 56 Jahre alt sein. Die Züge werden noch viel schneller fahren. Die Kinder werden in der Schule automatisch lernen. Ein Roboter wird ihnen das Lesen beibringen. Ich werde ein berühmter Taucher sein. Der Herd wird selbstständig mein Lieblingsessen zubereiten. Seite 50

2. Seite 51

Präteritum	***Präsens***	***Futur***
ich schwamm	ich schwimme	ich werde schwimmen
er tanzte	er tanzt	er wird tanzen
sie öffnete	sie öffnet	sie wird öffnen

3. Beispiellösung
Im nächsten Jahr werde ich sicher endlich ein Haustier bekommen. Vielleicht wird es ein Hund sein. Außerdem werde ich immer noch in der Schule sein. Hoffentlich werde ich dann wieder einen netten Lehrer haben.

Test

lange schlafen	Papa wird lange schlafen.
Fahrrad fahren	Opa wird Fahrrad fahren.
einen Krimi lesen	Mama wird einen Krimi lesen.
angeln	Onkel Paul wird angeln.
mit Zottel spielen	Tom wird mit Zottel spielen.
viel telefonieren	Tina wird viel telefonieren.
am Strand spielen	Lisa wird am Strand spielen.

Auswertung zum Test
Für jede richtige Zukunftsform erhältst du einen Punkt.
Von insgesamt 7 Punkten hast du .... Punkte erreicht.

Super!	In Ordnung!	Bitte noch einmal üben!
7 bis 6 Punkte	5 bis 4 Punkte	Weniger als 4 Punkte

Kapitel 3: Adjektive

1. MONTAG DICK ARBEITEN DUNKEL HASE Seite 52
STARK GAST KURZ TELEFON WICHTIG
LESEN GUT SAND GEMÜTLICH ZELT
SCHREIBEN MUSEUM TRAURIG BLÄTTER
SCHNELL TULPE SALZIG FREUND TORTE

Beispiellösung
das dicke Buch, die dunkle Nacht, der starke Riese, das kurze Gespräch, der wichtige Brief, die gute Freundin, das gemütliche Sofa, die traurige Geschichte, das schnelle Auto, die salzigen Chips

Adjektive

Seite 53

2.

r	o	t	i	u	g	z	k	s	w
t	z	s	h	b	u	ö	a	f	a
p	e	b	u	n	t	v	l	h	r
s	a	v	s	i	a	w	t	r	m
t	f	a	m	u	t	i	g	i	i
y	b	h	e	l	h	o	c	h	t
s	o	n	n	i	g	p	h	t	q

Achtung: In kalt steckt auch alt und in warm ist arm verborgen. Wenn du also nur acht Adjektive entdeckt hattest, so ist das auch in Ordnung.

Beispiellösung: Wie sieht die Tomate aus? Sie ist rot. Wie ist die Fassade des Hauses? Sie ist bunt. Wie ist das Wetter? Es ist kalt. Wie fühlt sich die Haut an? Sie fühlt sich warm an. Wie hat sich Tom verhalten? Er hat sich mutig verhalten. Wie ist das Haus? Es ist hoch. Wie wird der Tag morgen? Er wird sonnig.

3.

Sörens Papagei
spät
laut
steinig
lustig
bunt

Lisas Hund
kariert
groß
hungrig
freundlich
leer

Annes Kaninchen
vergesslich
kuschelig
ängstlich
weich
eckig

Lauras Katze
müde
sonnig
geblümt
aufmerksam
süß

Tinas Hamster
schmusig
dreieckig
niedlich
grün
munter

Pauls Goldfisch
glänzend
nass
flauschig
fleißig
kühl

Leas Maus
rosarot
flink
krumm
klein
grau

Toms Meerschweinchen
jung
hoch
weich
flüssig
neugierig

Sinas Pony
gesund
klug
festlich
bitter
lieb

Seite 54

4. dreckig, eckig; schlecht, echt; entbehrlich, ehrlich; schlau, lau; grau, rau; krank, rank

5. der große Riese, die grüne Gießkanne, ein schneller Sportwagen, der runde Mond, die kleinen Katzenbabys, die karierte Wolldecke, ein gesundes Frühstück, die gute Freundin, ein alter Karton, die roten Kirschen

Seite 55

6. der spannende Film/ein spannender Film, ein freundlicher Mensch/der freundliche Mensch, ein interessantes Buch/das interessante Buch

Test

Rachida hat ein neues Fahrrad bekommen. Es hat einen blauen Rahmen, einen sportlichen Lenker, einen schwarzen Sattel und eine laute Klingel. Der Gepäckträger ist stabil, die Bremsen sind kräftig und das Fahrrad hat eine gute Gangschaltung. Christian beneidet Rachida um die glänzenden Pedale mit den gelben Reflektoren. Rachida probiert das Fahrrad sofort aus und braust damit um die Kurven.

Auswertung zum Test
Für jedes richtig erkannte Adjektiv erhältst du einen Punkt. Für fälschlicherweise unterstrichene Wörter musst du dir allerdings jeweils einen Punkt abziehen.
Von insgesamt 10 Punkten hast du .... Punkte erreicht.

Super!	In Ordnung!	Bitte noch einmal üben!
10 bis 8 Punkte	7 bis 6 Punkte	Weniger als 6 Punkte

1. Hast du dir alles gut vorstellen können? Prima. Seite 56

2. Beispiellösung:
viele preiswerte Schreibtischstühle, der dicke Küchenwecker, die billigen Spielzeugautos, die schweren Kataloge, die alten Plattenspieler, die gemütlichen Pelzmäntel, die grünen Kaffeetassen, die rosaroten Schraubenzieher, die stabilen Puppenhäuser, die runden Fahrradreifen, die praktischen Handtuchhalter, die witzigen Tagebücher, die gestreiften Sofakissen, die zarten Edelsteine

Test Seite 57
Lina ist sehr sportlich, sie geht dreimal in der Woche zum Turnen. Frederik ist ein lustiger Junge, er bringt immer alle zum Lachen. Lena ist sehr hilfsbereit, sie kümmert sich gern um Kinder, die traurig sind. Mark ist eigentlich immer müde, er hätte am liebsten ein Bett im Klassenzimmer. Charlotte und Pia sind sehr fleißig, sie lernen jeden Nachmittag zusammen. Marlene ist sehr still, manchmal bemerkt man gar nicht, dass sie da ist. Paul ist sehr aufmerksam, er passt im Unterricht prima auf. Jonas spricht sehr laut, man hört seine Stimme fast überall. Sören, Jan und Thea sind am wildesten, sie toben gern im Klassenzimmer.

Auswertung zum Test
Für jedes richtig eingesetzte Adjektiv erhältst du einen Punkt.
Von insgesamt 9 Punkten hast du .... Punkte erreicht.

Super!	In Ordnung!	Bitte noch einmal üben!
9 bis 8 Punkte	7 bis 5 Punkte	Weniger als 5 Punkte

1. Die Adjekte schreibt man am Wortanfang natürlich klein (außer sie stehen am Satzanfang). Seite 58
der Hunger, hungrig; die Angst, ängstlich; die Wut, wütend; die Gefahr, gefährlich

2. die Sonne, sonnig; der Freund, freundlich; der Ärger, ärgerlich; der Mut, mutig; der Schreck, schrecklich; der Glanz, glänzend Seite 59

Test
Gestern war ein sonniger und warmer Tag. Daher konnten wir ins städtische Schwimmbad gehen. An der Kasse saß diesmal leider die unfreundliche Frau Kasper, die in unserer Straße wohnt. Und auch da schimpft sie immer über alle Kinder und bellende Hunde. Frau Kasper kassierte von meinem großen Bruder den vollen Eintrittspreis, da er seinen Schülerausweis vergessen hatte. So blieb uns nicht genug Geld, um leckeres Eis zu kaufen. Mein darüber wütender Bruder beruhigte sich allerdings wieder, weil er sah, dass seine wirklich nette Mitschülerin Asya auf der schattigen Seite der Liegewiese lag. Das war doch eine freudige Überraschung. In die ist er nämlich verliebt. Ja, mein glücklicher Bruder.

Auswertung zum Test

Für jedes richtig erkannte Adjektiv erhältst du einen Punkt. Für fälschlicherweise unterstrichene Wörter musst du dir allerdings jeweils einen Punkt abziehen.
Von insgesamt 13 Punkten hast du .... Punkte erreicht.

Super!	In Ordnung!	Bitte noch einmal üben!
13 bis 10 Punkte	9 bis 7 Punkte	Weniger als 7 Punkte

Seite 60

1.

die Neugier	stürmisch
die Vorsicht	fleißig
der Mut	neugierig
die Hilfe	mütterlich
die Mutter	mutig
der Sturm	hilflos
der Fleiß	vorsichtig

2. hundrundlöffelkindsauberdienstagmüdeaberstarkbananeleer

3. Beispiellösung: das runde Bild, die saubere Hose, die müde Schülerin, der starke Bär, die leere Schachtel

Seite 61

Test

Tom und seine Freunde wollen im Garten ein neues Baumhaus errichten. Sie fragen dazu den freundlichen Herrn Schubert von nebenan, ob er vielleicht noch alte Bretter für sie hat. Herr Schubert nimmt die Jungen mit auf einen dunklen Dachboden. Da liegen lange und kurze Bretter, krumme Holzleisten und in der Ecke steht ein riesiger Korb, in dem unterschiedliche Holzreste aufbewahrt werden. Pit entdeckt eine stabile Leiter, die rot gestrichen ist. Daneben liegt ein dickes Tau, das die Jungen als Kletterseil verwenden könnten. Herr Schubert schaut in die glücklichen Gesichter der vier Freunde und sagt: „Toll, dass ich euch helfen konnte."

Auswertung zum Test

Für jedes richtig eingesetzte Adjektiv erhältst du einen Punkt.
Von insgesamt 13 Punkten hast du .... Punkte erreicht.

Super!	In Ordnung!	Bitte noch einmal üben!
13 bis 10 Punkte	9 bis 7 Punkte	Weniger als 7 Punkte

Seite 62

1. Ihre Haut ist so weiß wie Schnee, ihre Lippen sind so rot wie Blut und ihr Haar ist so schwarz wie Ebenholz. Sie ist so schön wie eine Prinzessin.

Seite 63

2.

l n k e i = klein	g ß f ei l i = fleißig	t u s l i g = lustig
t e n t = nett	u n g r h g i = hungrig	e m d ü = müde

3. Märchenbücher sind spannend, Geschichtsbücher sind spannender und Kriminalgeschichten sind am spannendsten. Die Zwerge sind klein, die Mäuse sind kleiner und die Ameisen am kleinsten.

Test

Grundstufe	***1. Vergleichsstufe***	***2. Vergleichsstufe***
stark	stärker	am stärksten
schön	schöner	am schönsten
schnell	schneller	am schnellsten
dumm	dümmer	am dümmsten
hell	heller	am hellsten
billig	billiger	am billigsten
dick	dicker	am dicksten

Auswertung zum Test
Für jedes richtig eingetragene Wort erhältst du einen Punkt.
Von insgesamt 14 Punkten hast du .... Punkte erreicht.

Super!	In Ordnung!	Bitte noch einmal üben!
14 bis 12 Punkte	11 bis 8 Punkte	Weniger als 8 Punkte

Seite 64

1.

warm	feige
schwer	trocken
tapfer	rund
weiß	kalt
gut	langweilig
spannend	leicht
eckig	schwarz
nass	schlecht

2. das Wasser, das Feuer

Seite 65

3. Beispiellösung

groß	klein, ein kleines/das kleine Kind
schmutzig	sauber, eine saubere/die saubere Tasse
jung	alt, ein alter/der alte Mann
dünn	dick, ein dickes/das dicke Seil
schwach	stark, das starke/ein starkes Mädchen

Test
Als Lisa am Morgen in die Klasse kommt, sind Frederik, Marie und Paula schon da. Paula ruft: „Heute ist Gegenteiltag! Frederik sagt: „Du hast aber einen hässlichen Pullover an.“ „Stimmt“, lacht Marie, „der ist ja ganz alt!“ „Mir gefällt er, ich liebe schwarze Pullover“, antwortet Lisa. „Und wenn ihr nicht gleich aufhört, so freundlich zu sein, hole ich meinen Hund Zottel. Der ist ganz klein und ängstlich und beißt gern liebe Kinder.“

hässlich, schön; alt, neu; schwarz, weiß; freundlich, unfreundlich; klein, groß; ängstlich, furchtlos/tapfer/mutig; lieb, böse/frech

Adjektive

Auswertung zum Test
Für jedes richtig unterstrichene Adjektiv und für jedes richtige Gegenteilpaar erhältst du einen Punkt.
Von insgesamt 14 Punkten hast du .... Punkte erreicht.

Super!	In Ordnung!	Bitte noch einmal üben!
14 bis 12 Punkte	11 bis 8 Punkte	Weniger als 8 Punkte

Seite 66

1. Die 4b hat beim Fußball einen tüchtigen Torwart, aber der Torwart der 4a ist tüchtiger. Beim Sportfest springt Lisa aus der 4a sehr weit, aber Paul aus der 4b springt am weitesten. Die Mädchen aus der 4b rechnen schnell, aber Moni und Thea aus der 4a rechnen am schnellsten. Die Geschichten von Felix, Ben und Maria sind spannend, aber die Klassenkrimis, die die 4a schreibt, sind spannender. Aber bei der gemeinsamen Klassenreise sind sie sich alle einig: Schule ist gut, aber zusammen verreisen ist besser!

Seite 67

2. lang, länger, am längsten; hoch, höher, am höchsten; klug, klüger, am klügsten; leicht, leichter, am leichtesten; laut, lauter, am lautesten; weich, weicher, am weichsten; alt, älter, am ältesten; warm, wärmer, am wärmsten; hell, heller, am hellsten groß, größer, am größten; schwach, schwächer, am schwächsten; voll, voller, am vollsten; gut, besser, am besten; viel, mehr, am meisten

3. Tom kann gut rechnen, Nico kann noch besser rechnen, Steffi rechnet am besten.

Seite 68

4. a) schöner, am schönsten
   b) preiswert, am preiswertesten
   c) farbiger, am farbigsten
   d) lecker, am leckersten

Seite 69

Test
Alle haben sich sehr große Mühe gegeben. Es war viel interessanter, den Kindern zuzuhören, als ein Buch zu dem Thema zu lesen. Alisa, Bea und Tim waren am fleißigsten, ihr Referat war viel länger als das der anderen Gruppen. Jan war am besten vorbereitet, er hatte sich sogar ein spannendes Quiz für seine Mitschüler ausgedacht. Irina war sehr aufgeregt, ihre Stimme war viel leiser als sonst. Mona hatte farbige Zeichnungen angefertigt, die ihr noch besser gelungen waren als bei ihrem letzten Vortrag. Herr Paulsen lobte die Kinder noch mehr als sie erwartet hatten. Er war richtig stolz.

Auswertung zum Test
Für jedes richtig eingesetzte Adjektiv erhältst du einen Punkt.
Von insgesamt 10 Punkten hast du .... Punkte erreicht.

Super!	In Ordnung!	Bitte noch einmal üben!
10 bis 8 Punkte	7 bis 6 Punkte	Weniger als 6 Punkte

Seite 70

1.

k	u	g	e	l	r	u	n	d	f	m
p	n	a	g	e	l	n	e	u	x	e
f	i	n	g	e	r	b	r	e	i	t
t	n	a	l	x	c	ö	w	t	h	e
r	b	m	a	u	s	g	r	a	u	r
w	a	s	s	m	c	m	s	e	b	l
e	i	s	k	a	l	t	f	r	n	a
a	x	ä	l	e	q	v	a	t	m	n
s	g	r	a	s	g	r	ü	n	j	g
w	s	t	r	o	h	d	u	m	m	ö

2. kugelrund, nagelneu, fingerbreit, mausgrau, eiskalt, grasgrün, strohdumm, glasklar, meterlang

Seite 71

3.

federleicht	so leicht wie eine Feder
blitzschnell	so schnell wie der Blitz
steinhart	so hart wie Stein
riesengroß	so groß wie ein Riese

Test

Es war wunderschön am See, der Mond stand schon am Himmel und die Wasseroberfläche war spiegelglatt. Onkel Paul und Tom waren mutterseelenallein am See. Tom packte seine nagelneue Angel aus, bereitete sie mit Onkel Pauls fachkundiger Hilfe vor und warf sie aus. Dann saßen die beiden stundenlang am Ufer und warteten. Es war schon stockdunkel, da ruckte Toms Angelschnur. Seine Knie wurden butterweich, aber Onkel Paul griff blitzschnell zu und half Tom, seinen ersten selbstgefangenen Fisch an Land zu ziehen. Der Fisch war winzig klein, aber Toms Freude war riesengroß.

Auswertung zum Test

Für jedes richtig eingesetzte Adjektiv erhältst du einen Punkt.
Von insgesamt 10 Punkten hast du .... Punkte erreicht.

Super!	In Ordnung!	Bitte noch einmal üben!
10 bis 9 Punkte	8 bis 6 Punkte	Weniger als 6 Punkte

Seite 72

1. Es war für Lisa ein rabenschwarzer Tag. Alles, aber auch einfach alles ging schief. Sie war noch hundemüde und stand viel zu spät auf. Als sie duschen wollte, war das Wasser eiskalt. Ihr himmelblauer Lieblingspullover war zwar frisch gewaschen, er hing aber pudelnass auf dem Wäscheständer. Lisas Hunger war riesengroß, doch sie hatte keine Zeit mehr zu frühstücken. Sie musste blitzschnell zur Schule laufen. Sie nahm ihren nagelneuen Ranzen und rannte los. Der Himmel war mausgrau, es würde gleich anfangen zu regnen. Obwohl sie ein laufstarkes Mädchen war, kam sie kopflos in der Schule an. Und als sie sich auf dem Schulhof umschaute, bekam sie butterweiche Knie. Es war niemand da! Lisa wunderte sich, doch auf einmal war ihr alles sonnenklar: Heute war ja Samstag! Wie kann man nur so strohdumm sein!

Wortbausteine/Wortfelder

Seite 73

2. pudelkalt → eiskalt; zitronenblau → himmelblau; feuerdumm → strohdumm; steinnass → pudelnass; bärengelb → zitronengelb; blitzhart → steinhart; himmelschnell → blitzschnell; eisrot → feuerrot; strohstark → bärenstark

3. Beispiellösung: das eiskalte Wasser, so eine strohdumme Aufgabe, die pudelnassen Haare, das zitronengelbe Eis, der steinharte Boden, der blitzschnelle Falke, die feuerroten Tomaten, die bärenstarke Fussballmannschaft

4. wasserdicht, lupenrein, messerscharf, steinreich

Seite 74

5. Beispiellösung

grasgrün	das grasgrüne Fahrrad
schneeweiß	das schneeweiße Papier
himmelblau	der himmelblaue Badeanzug
feuerrot	die feuerroten Fliegenpilze
rabenschwarz	der rabenschwarze Himmel
zitronengelb	das zitronengelbe T-Shirt

6. Beispiellösung: Herbstlaub im November, eine Blumenwiese kurz vor Sonnenaufgang, Regenschirme hinter grauem Nieselregen, die Tapete im nächtlichen Zimmer

7. Hundertwasser liebte kunterbunte Farben. Seine Bilder sind sehr fantasievoll. Viele Motive wirken auf den ersten Blick rätselhaft. Für Hundertwaser ist die Natur wunderschön und jedes Lebewesen einzigartig.

Seite 75

Test
Das Haus, in dem ich wohne, ist riesengroß.
Die Äpfel von unserem Apfelbaum sind zuckersüß.
Mein Fahrrad ist blitzschnell.
Mein Tuschkasten ist aber nagelneu.
Mein Bruder und ich sparen schon lange, wir sind steinreich.

Auswertung zum Test
Für jedes richtige Adjektiv erhältst du einen Punkt.
Von insgesamt 5 Punkten hast du .... Punkte erreicht.

Super!	In Ordnung!	Bitte noch einmal üben!
5 Punkte	4 Punkte	Weniger als 4 Punkte

Kapitel 4: Wortbausteine/Wortfelder

Seite 76

1. der Verkauf, einkaufen, der Einkauf, abkaufen, verkaufen, das Kaufhaus, der Kaufmann, der Kaufladen, käuflich, der Käufer, der Einkäufer, der Verkäufer

2. Beispiellösung: Ich gehe jetzt einkaufen. Ich mag den netten Verkäufer im Supermarkt sehr. In unserer Stadt gibt es ein neues Kaufhaus.

3. der Besuch, der Besucher, die Besucherin, aussuchen, versuchen, versuchte, versuche, der Versuch, die Versuche, aufsuchen, die Versuchung, gesucht

Seite 77

4.

ein	
sammeln	einsammeln
zahlen	einzahlen
stecken	einstecken
basteln	

aus	
laufen	auslaufen
suchen	aussuchen
teilen	austeilen
sammeln	

ab	
zählen	abzählen
schicken	abschicken
schlafen	
trennen	abtrennen

an	
streichen	anstreichen
klettern	
geben	angeben
kleben	ankleben

5. a) der Verdacht, der Versuch, die Vergebung, das Verständnis, das Vertrauen, der Vertrag
   b) vergessen, versuchen, verrechnen, verstehen, vergleichen, vergeben

Seite 78

6. a) die Vorspeise, der Vorhang, das Vorwort, die Vorsilbe, der Vorschlag, der Vortrag
   b) vornehm, vorsingen, vorgehen, vorlesen, vorschreiben, vorwitzig

Test

Seite 79

Tina hat Krach mit ihrer besten Freundin. Die beiden sprechen überhaupt nicht mehr miteinander. Aber Tina kann es nicht lange aushalten, mit Marie zerstritten (auch: verstritten) zu sein. Sie möchte sich so schnell wie möglich wieder mit ihr vertragen. Deshalb hat sie sich eine Überraschung für Marie ausgedacht. Sie legt ihr heimlich eine Einladung auf ihren Platz in der Schule. Darauf steht: Entschuldige bitte, dass ich so gemein zu dir war. Es tut mir leid. Ich würde gern wieder deine Freundin sein. Möchtest du mich heute ins Kino begleiten? Marie liest die Einladung und schaut Tina unsicher an. Dann lacht sie und ruft glücklich: „Na klar! Wann wollen wir uns treffen?“

Auswertung zum Test

Für jeden richtig eingesetzten Wortbaustein erhältst du einen Punkt.
Von insgesamt 11 Punkten hast du .... Punkte erreicht.

Super!	In Ordnung!	Bitte noch einmal üben!
11 bis 9 Punkte	8 bis 6 Punkte	Weniger als 6 Punkte

1. Fahrt Fahrzeug sie fährt Fahrkarte Fahrer
   Gefährt Fahrschule vorfahren Fahrrad
   Einfahrt fahren Fahrerin Fahrstuhl
   abfahren Fahrplan Abfahrt verfahren Fähre
   Radfahrer gefahren Fahrschein Vorfahrt Gefahr

Seite 80

2. Beispiellösung: fahrtüchtig, Fahrtenschreiber, gefährlich, Fahrverbot, Fahrbahn, Fahrgast, fahrbereit

Wortbausteine/Wortfelder

Seite 81

3. Beispiellösungen: die Fahrkarte, der Fahrer, der Fahrplan; die Rückfahrt, die Zugfahrt, die Bootsfahrt

Test

Tina fährt mit ihrer Freundin in die Stadt. Sie schauen auf dem Fahrplan nach. Die Busfahrerin gibt ihnen eine Fahrkarte und wünscht ihnen eine gute Fahrt.

Auswertung zum Test

Für jedes richtig eingesetzte Wort oder richtig eingesetzte Wortteil erhältst du einen Punkt.

Von insgesamt 5 Punkten hast du .... Punkte erreicht.

Super!	In Ordnung!	Bitte noch einmal üben!
5 Punkte	4 Punkte	Weniger als 4 Punkte

Seite 82

1. Hände behandelt Verhandlung Handel
Linkshänder Handschuh Händler handlich
handelte gehandelt Handlung
behandeln Hand Behandlung
misshandeln verhandeln Händlerin
Einzelhandel handelt Buchhändler

2. SCHULE I HANDELT I KLEIN I GENAU I BUCHHÄNDLER I AFFE I MONTAG I HANDEL I TELEFON I BEHANDLUNG I QUATSCH I HANDLICH I HANDSCHUH I ENDE

3. Beispiellösung: Er handelt mit Büchern. Der Buchhändler ist heute krank. Der Handel mit Büchern ist ein schöner Beruf. Die Behandlung des Kranken war erfolgreich. Dieses Telefon ist handlich. Da liegt ein Handschuh.

Seite 83

4. Beispiellösung: das Spielzeug, er spielte, ich habe gespielt, der Spieler, das Spielfeld, die Spielerin, das Spiel, die Spielfigur, spielend, das Kartenspiel

5. Spielkameraden

Test

Zahl Spielerei **Gepäck** bezahlen Zahlkarte
packen zählen **Päckchen** gezählt Spiele
Verpackung spielen gespielt **gepackt**
Spielzeug Spieler Mehrzahl Brettspiel
Packesel Zahlung gespielt Spielsachen
verpackt

Auswertung zum Test

Für jede richtige Zuordnung erhältst du einen Punkt.

Von insgesamt 23 Punkten hast du .... Punkte erreicht.

Super!	In Ordnung!	Bitte noch einmal üben!
23 bis 19 Punkte	18 bis 12 Punkte	Weniger als 12 Punkte

1. TISCH I FLÜSTERN I KATZE I FREUND I WISPERN I GANZ I WO I RUFEN I TRAINING I BITTEN I SPRECHEN I LESER I FRAGEN I JACKE I MURMELN I TINA I WANN I SCHREIEN I ROSE I ANTWORTEN — Seite 84

2. Beispiellösung
Die Kinder in Toms Klasse sind ganz aufgeregt. Sie gehen nächste Woche auf Klassenfahrt. Alle schreien laut durcheinander. „Wann fahren wir denn los?“, fragt Britta. „Ich will aber vorne sitzen!“, ruft Jan. Pia dreht sich zu ihrer Freundin um und sagt leise: „Wollen wir uns ein Zimmer teilen?“ „Gern“, antwortet sie. „Ich freue mich schon so!“, kreischt Jonas.

Test — Seite 85

Tina geht für ihr Leben gern ins Museum. Am allerliebsten geht sie dorthin, wo man alte Gemälde anschauen kann. Sie betrachtet sie oft stundenlang und entdeckt immer neue Einzelheiten auf den großen Bildern. Heute sieht sie schon vor dem Eingang einen großen Reisebus voller Menschen. Sie kommen aus dem Nachbarort und wollen ganz besondere Kunstwerke besichtigen.
Tina freut sich. Es macht ihr ebenso viel Spaß, die Museumsbesucher zu beobachten.
Na, dann viel Spaß!

Auswertung zum Test
Diesmal sind natürlich für alle Lücken verschiedene Wörter möglich. Die Lösung zeigt dir besonders sinnvolle Verben. Prüfe die Wörter, die du verwendet hast, sorgfältig. Stimmen sie wirklich? Für jedes richtige Wort erhältst du einen Punkt.
Von insgesamt 6 Punkten hast du .... Punkte erreicht.

Super!	In Ordnung!	Bitte noch einmal üben!
6 Punkte	5 bis 4 Punkte	Weniger als 4 Punkte

Seite 86

1.

w	m	a	r	s	c	h	i	e	r	e	n
s	a	q	w	c	e	r	t	q	u	i	a
t	s	h	f	h	ü	p	f	e	n	s	s
a	d	u	u	l	a	i	h	a	z	p	d
m	f	m	z	e	s	u	k	y	t	r	f
p	q	p	t	i	n	f	e	n	r	i	g
f	g	e	v	c	d	z	m	x	e	n	h
e	h	l	n	h	f	t	n	c	w	g	j
n	j	n	r	e	n	n	e	n	e	e	k
n	k	k	l	n	x	c	b	v	q	n	l
m	s	c	h	l	e	n	d	e	r	n	ö

2. „Schleichen“ und „humpeln“ passen nicht dazu, alle anderen Wörter bezeichnen schnelle Bewegungen.

3. Beispiellösung — Seite 87
Wortfeld arbeiten: schuften, werkeln, montieren, schreiben, lernen, Hausaufgaben machen, unterrichten, verkaufen, drechseln, schnitzen, musizieren

Wortbausteine/Wortfelder

Test
Die Gänse watscheln eine nach der anderen am Bach entlang. Der Hahn stolziert über den Bauernhof. Die Ziegen springen/hüpfen/klettern munter über das Gatter. Die Elefanten waten/marschieren kraftvoll durch den Fluss. Die Antilopen laufen/rennen/springen voller Übermut hintereinander her. Die Katze schleicht sich an, um die Vögel genauer zu beobachten. Der Esel mit dem verletzten Huf humpelt vorsichtig zur Futterstelle. Zottel rennt/rast aufgeregt am Zaun entlang. Lisas Eltern schlendern gemütlich von einem Gehege zum nächsten. Lisa trottet/trödelt mal wieder langsam hinterher.

Auswertung zum Test
Diesmal sind natürlich für alle Lücken verschiedene Wörter möglich. Die Lösung zeigt dir besonders sinnvolle Verben. Prüfe die Wörter, die du verwendet hast, sorgfältig. Stimmen sie wirklich? Sind Sie ausdrucksvoll? Für jedes richtige Wort erhältst du einen Punkt.
Von insgesamt 10 Punkten hast du .... Punkte erreicht.

Super!	In Ordnung!	Bitte noch einmal üben!
10 bis 9 Punkte	8 bis 6 Punkte	Weniger als 6 Punkte

Seite 89

1. a) Spiel bitte mal das Lied, das wir gestern gehört haben.
   b) Ich brauche das Rezept, das Oma uns für die Plätzchen gegeben hat.
   c) Siehst du das Auto, das dort hinten um die Ecke fährt?
   d) Morgen ziehe ich das T-Shirt an, das Papa mir aus dem Urlaub mitgebracht hat.
   e) Ich brauche ein Fahrrad, das verkehrssicher ist.
   f) Ich hätte gern ein Buch, das viele Informationen über Menschenaffen enthält.

Seite 90

2. a) Ich glaube nicht, dass wir heute ein Gewitter bekommen.
   b) Papa erzählt mir, dass Onkel Paul Besuch bekommen hat.
   c) Es ist toll, dass ich nächste Woche Geburtstag habe.
   d) Opa sagt, dass er mich bei der Gartenarbeit braucht.

3. a) Tom glaubt fest daran, dass seine Fußballmannschaft gewinnen wird.
   b) Mama möchte nicht, dass Zottel auf Lisas Bett liegt.
   c) Ich weiß, dass ich für den Mathetest nicht mehr lernen muss.

4. Bei b) ist „das“ richtig.

Seite 91

Test
Wo ist das Kleid, das Oma dir zum Geburtstag geschenkt hat? Es ist wirklich zu blöd, dass wir den Bus verpasst haben. Ich habe Angst, dass wir zu spät kommen. Hol bitte das Brot vom Bäcker, das Papa und Onkel Paul so gern essen. Meinst du, dass diese Abkürzung wirklich stimmt? Wo ist das Werkzeug, das Papa täglich braucht? Ich freue mich so, dass meine Freunde bei mir übernachten dürfen. Gestern habe ich so gelacht, dass mir mein Bauch weh getan hat. Tom wünscht sich das Schlagzeug, das er im Geschäft ausprobiert hat.

Auswertung zum Test
Für jedes richtige „dass“ oder „das“ erhältst du einen Punkt.
Von insgesamt 9 Punkten hast du .... Punkte erreicht.

Super!	In Ordnung!	Bitte noch einmal üben!
9 bis 8 Punkte	7 bis 5 Punkte	Weniger als 5 Punkte

Kapitel 5: Sätze

1. Lisa ist im Garten. Sie spielt mit ihrer Freundin Pauline. Die beiden Mädchen haben sich auf der Wiese eine Bude gebaut. Dort haben sie Tee und Kuchen zubereitet und bewirten ihre Puppen und natürlich Zottel. Mama bringt ihnen sogar noch ein Eis vorbei. Seite 92

2. Die Bude besteht aus Gartenmöbeln und Decken, die sie aus dem Haus geholt haben. Die Freundinnen haben es sich richtig gemütlich gemacht. Sie lachen, kichern und erzählen sich Geheimnisse, die sonst niemand kennen darf. Dann ziehen sie die Puppen um und kämmen ihnen die Haare. Im Eingang liegt Zottel und schaut in den Garten. Er hat ein paar Leckerlis bekommen. Es geht ihm richtig gut. Er schließt die Augen und träumt von der Nachbarskatze. Seite 93

3.

Wann seid ihr zurückgekommen?	Ich war doch während der Ferien in England.
Kannst du jetzt englisch sprechen?	Ich bin seit gestern wieder daheim.
Hast du eine Freundin gefunden?	London ist wirklich eine interessante Stadt.
Wie hat dir das Essen geschmeckt?	Wir sind mit dem Autozug unter dem Meer gefahren.
Hast du jetzt auch eine Schuluniform?	In unserem Hotel wohnte ein Mädchen aus Indien.
Seid ihr mit dem Schiff gefahren?	Na klar – you are my best friends.
Wie hat dir London gefallen?	Am liebsten mochte ich fish and chips.

4. Beispiellösungen: Seite 94
   a) Tom sagt: „Lauf doch nicht weg!“
   b) Opa ruft: „Bring mir die Zeitung!“
   c) Mama schimpft: „Lass die Stiefel in Ruhe!“
   d) Oma bittet: „Leg dich ins Körbchen!“
   e) Papa sagt: „Hol das Stöckchen!“
   f) Onkel Paul ruft: „Bleib stehen!“

5. Beispiellösung
   a) Wann waren Opa und Tina im Baumarkt?
   b) Wofür haben sie eingekauft?
   c) Wie viel Blumenerde hat Opa gekauft?
   d) Wie heißen Tinas Lieblingsblumen?
   e) Was haben sie für Oma mitgebracht?

Test Seite 95

a) Wo fahren wir denn hin?
b) Lisa, komm zu mir!
c) Wo ist die Luftpumpe?
d) Ich weiß nicht, ob ich diese weite Strecke schaffe.
e) Tom, warte doch mal auf mich!
f) Ich habe ja gar kein Geld dabei!
g) Zottel, bleib stehen!

h) Ich glaube, ich muss meinen Sattel noch höher stellen.
i) Paul, hast du einen Stadtplan dabei?
j) Hurra, wir machen ein Picknick!
k) Wann sind wir denn endlich da?
l) Hoffentlich kommt kein Regen auf – ich habe keine Jacke dabei.
m) Hat jemand Werkzeug dabei?

Auswertung zum Test
Für jedes richtige Satzzeichen erhältst du einen Punkt.
Von insgesamt 13 Punkten hast du .... Punkte erreicht.

Super!	In Ordnung!	Bitte noch einmal üben!
13 bis 11 Punkte	10 bis 7 Punkte	Weniger als 7 Punkte

Seite 96

1. Toms Zimmer soll renoviert werden. Er freut sich schon sehr. Heute will er mit Opa, Papa und Onkel Paul zum Baumarkt fahren. Papa misst aus, wie viel Tapete sie brauchen werden. Welche Farbe soll er sich bloß für die Wände aussuchen? Lisa hat ihm hellrosa vorgeschlagen. Das ist doch eine Mädchenfarbe! Onkel Paul überlegt, ob die Trittleiter hoch genug ist. Tom möchte sich einen neuen Schreibtischstuhl kaufen. Ob Opa ihm wohl ein bisschen Geld dazu gibt? Endlich fahren sie los. Tom ist ganz aufgeregt.
   Alle Möbel aus Toms Zimmer stehen auf dem Flur. Das Zimmer sieht riesengroß aus. Tom schläft heute Nacht bei seinem Freund Ole.
   Ole ist neugierig und stellt ihm eine Menge Fragen. Er fragt nach der Farbe der Wände, nach der Größe des neuen Teppichs und ob Tom sich freut. Er möchte wissen, ob Tom einen neuen Schreibtischstuhl bekommt und ob er eine Einweihungsparty gibt, wenn das Zimmer fertig ist. Schließlich fragt Ole sogar, ob Toms Schwestern auch in das neue Zimmer hineindürfen. So viele Fragen.

Seite 97

2. Beispiellösung
   Welche Farbe haben die Wände? Wie groß ist dein neuer Teppich? Freust du dich über dein neues Zimmer? Bekommst du einen neuen Schreibtischstuhl? Gibst du eine Einweihungsparty, wenn dein Zimmer fertig ist? Dürfen deine Schwestern dein neues Zimmer betreten?

3. Tom veranstaltet tatsächlich eine Einweihungsparty. Er lädt seine Freunde ein, als das Zimmer fertig ist. Oma hat Kartoffelsalat und Würstchen vorbereitet und Papa hat die Getränke spendiert. Mama hat Lisa und Tina tatsächlich ins Kino geschickt. Alles riecht noch ganz neu. Die Freunde haben sogar ein Geschenk mitgebracht. Ole überreicht Tom einen Fußballkalender, den er sich schon so lange gewünscht hat. Opa hängt ihn gleich auf.

4. Tom freut sich jeden Tag über sein neues Zimmer. Freut Tom sich jeden Tag über sein neues Zimmer?/Freut sich Tom jeden Tag über sein neues Zimmer?

Seite 98

5. a) Das sieht ja prima aus!
   b) Wo hast du diese tolle Lampe her?
   c) Prima, dass der Schreibtisch am Fenster steht.
   d) Tom, wir besuchen dich jetzt jeden Tag.
   e) Habt ihr das alles allein gemacht?

f) Mir gefällt der Teppich richtig gut.
g) Wer hat denn die Tapeten ausgesucht?
h) Dein Zimmer erkennt man ja nicht wieder!
i) Wo wirst du den Fußballpokal hinstellen?
j) Du bist ja zu beneiden!
k) Ich wünsche mir auch solch ein Bücherregal.

6. Beispiellösung
Tom, hol den Staubsauger! Leere den Papierkorb aus! Räum deinen Schreibtisch auf! Gieß bitte endlich die Blumen, die verdursten ja!

Test Seite 99

Lieber Niklas!
Heute habe ich endlich wieder Zeit, dir zu schreiben. Weißt du schon, dass ich ein neues Zimmer bekommen habe? Wir haben ganz schön geschuftet! Papa hat tapeziert und Onkel Paul hat die Wände gestrichen. Dabei ist der Eimer mit der Farbe umgekippt. Das war vielleicht ein Theater! Deshalb habe ich sogar einen neuen Teppich bekommen. Aber jetzt ist alles ganz prima. Wann kommst du mich mal wieder besuchen? Ich habe jetzt sogar so viel Platz, dass du mit der Luftmatratze in meinem Zimmer schlafen kannst. Wie findest du das? Ich freue mich schon riesig auf deinen Besuch!
Dein Tom

Aussagesatz: Heute habe endlich wieder Zeit, dir zu schreiben.
Fragesatz: Weißt du schon, dass ich ein neues Zimmer bekommen habe?
Aufforderungs-/Ausrufesatz: Wir haben ganz schön geschuftet!

Auswertung zum Test
Für jedes richtige Satzzeichen erhältst du einen Punkt. Die Sätze, die zu schreiben waren, werden nicht bepunktet. Sonst würdest du, wenn du Pech hast, für einen Fehler gleich zwei Punkte verlieren.
Von insgesamt 11 Punkten hast du .... Punkte erreicht.

Super!	In Ordnung!	Bitte noch einmal üben!
11 bis 9 Punkte	8 bis 6 Punkte	Weniger als 6 Punkte

1. Die Kinder spielen. Zottel stößt gegen den Tisch und wirft dabei alle Figuren um. Lisa ruft: „Oh, Zottel!“ Seite 100
Tina schimpft: „Pass doch auf!“
Tom ruft: „Oh nein, ich war fast am Ziel!“
Lisa sagt: „Ich habe mir alles gemerkt.“ Sie stellt die Figuren wieder auf.
Tom flüstert: „Na, da habe ich ja Glück gehabt.“

2. Die Lehrerin fragt Lena: „Warum schreibst du denn so schnell?“ Lena antwortet: „Ich muss mich beeilen, meine Patrone ist gleich leer.“ Seite 101

Florian ist traurig. Kati fragt: „Was hast du denn?“ Da antwortet Florian: „Mein Hund ist weg.“
Kati schlägt vor: „Setz doch eine Anzeige in die Zeitung. Dann hast du ihn bald wieder.“
Florian meint: „Aber Struppi kann doch nicht lesen!“

Seite 102

3. Frau Fischer isst im Restaurant ein Stück Apfelkuchen. Es sind aber gar keine Äpfel drin. Sie ruft den Koch und fragt: „Müssen in einem Apfelkuchen denn keine Äpfel sein?“
Der Koch antwortet: „Warum? Im Hundekuchen sind doch auch keine Hunde.“

Kai bittet seinen Vater: „Gib mir doch einen Euro.“ Der Vater fragt: „Wofür brauchst du denn schon wieder Geld?“ Kai sagt: „Das Geld ist doch für den alten Mann an der Ecke.“ Sein Vater erkundigt sich: „Ist es ein armer Mann, der nichts zu essen hat?“ Da muss Kai zugeben: „Nein, das nicht. Er verkauft Eis.“

Seite 103

Test
Hanna steht zusammen mit einem Lehrer an der Bushaltestelle. Der Lehrer fragt: „Wie alt bist du und wie heißt du?“ Das Mädchen antwortet: „Ich heiße Hanna, ich bin sechs Jahre alt und gehe zur Schule.“
Lachend sagt der Lehrer zu Hanna: „Ich bin 43 Jahre alt und gehe auch zur Schule.“
Darauf meint Hanna: „Dann musst du aber noch ganz schön dumm sein.“

Max kommt vom Spielplatz nach Hause. Er hat einen großen Verband um den Kopf. Seine Mutter fragt erschrocken: „Was ist passiert?“ Max antwortet kurz: „Mückenstich.“ Mutter fragt: „Und deswegen brauchst du so einen großen Verband?“ Max erklärt: „Nein, deswegen nicht. Aber Lisa hat die Mücke mit der Schaufel erschlagen.“

Auswertung zum Test
Für jede richtige erkannte wörtliche Rede (mit Unterstreichung, Doppelpunkt und Anführungszeichen) erhältst du einen Punkt.
Von insgesamt 8 Punkten hast du .... Punkte erreicht.

Super!	In Ordnung!	Bitte noch einmal üben!
8 bis 7 Punkte	6 bis 5 Punkte	Weniger als 5 Punkte

Seite 104

1. Ein Mann schaut einem Gärtner zu, der Pferdemist in seine Schubkarre lädt. Der Mann fragt ihn: „Wo kommt der Mist denn hin?“ Der Gärtner erklärt: „Auf die Erdbeeren.“ Der Mann schüttelt den Kopf. Er sagt: „Komisch, wir tun immer Schlagsahne darauf.“

Seite 105

2. Paul fährt mit dem Zug. In seinem Eisenbahnabteil sitzt ein Mann, der die ganze Zeit über Apfelkerne kaut. Paul fragt ihn: „Warum tun Sie das?“ Der Mann antwortet: „Damit ich klüger werde.“ Paul überlegt einen Moment und fragt: „Könnte ich auch mal einen haben?“ Der Mann zählt seine Apfelkerne und sagt dann: „Natürlich, aber das kostet pro Kern einen Euro.“ Paul zahlt und kaut seinen Apfelkern. Auf einmal ruft er: „Mensch, für einen Euro hätte ich mir ja eine ganze Tüte Äpfel kaufen können!“ Der Mann lacht über das ganze Gesicht und bestätigt: „Siehst du, es wirkt schon.“

3. Frau Schulz macht zum ersten Mal Urlaub am Meer. Sie ist sehr ängstlich und fragt am Strand den Bademeister: „Gibt es hier etwa Quallen und Krebse?“ Der Bademeister antwortet: „Schon, aber Sie brauchen keine Angst zu haben. Die meisten werden von den Haifischen weggefressen.“

Seite 106

4. a) „Schau doch mal im Keller nach“, sagt Mama.
   b) „Du wirst es schon wiederfinden“, tröstet Tina ihn.
   c) „Vielleicht hat Paul es sich ausgeliehen“, überlegt Opa.

d) „Wir könnten dir doch zum Geburtstag neues Werkzeug schenken“, schlägt Lisa vor.
e) „So ein Quatsch – ich brauche es doch jetzt“, brummt Opa.
f) „Schaut mal! Ich habe es gefunden!“, ruft Tim.
g) „Wo war es denn?“, fragt Opa.
h) „Da, wo es hingehört – in deinem Werkzeugkasten“, antwortet Tim.

5. „Ich bin doch wirklich ein alter Schusselkopf!“, schimpft Opa vor sich hin. Seite 107
„Ach was, du bist nur besonders ordentlich!“, lacht Oma.
„Was würdest du nur ohne uns machen!“, ruft Lisa.
„Jeden Tag mein Werkzeug suchen“, brummt Opa.

6. „Schau mal, ein Zitronenfalter!“, ruft Tim. Seite 108
„Aber der ist ja grün!“, protestiert Stefan.
„Vielleicht ist er noch nicht reif!“, überlegt Tim.

Ein kleiner Junge kommt in eine Zoohandlung. Er schaut sich die vielen Fische an, schließlich fragt er: „Was kosten die Goldfische?“
„Fünf Euro pro Fisch“, antwortet der Verkäufer. Der Junge schaut in sein Portemonnaie und überlegt eine Weile. Dann fragt er: „Und was kosten die Silberfische?“

Herr Bonse kommt wütend in den Baumarkt.
„Ich möchte diesen Hammer umtauschen“, sagt er.
Der Verkäufer betrachtet den Hammer von allen Seiten. „Ich kann keinen Fehler feststellen“, erklärt er. „Warum möchten Sie ihn denn umtauschen?“, fragt er schließlich.
„Na, hören Sie mal, der trifft doch immer daneben!“, ruft Herr Bonse.

„Papa, ich möchte ein Menschenjunges sein“, sagt der kleine Pinguin. „Aber warum denn, mein Sohn?“, fragt der Pinguinvater erstaunt. „Weil ich dann endlich Jeans tragen kann und nicht immer im Frack herumlaufen muss“, antwortet der kleine Pinguin.

Im Bus ist es sehr voll. Die Leute drängeln.
„Sie Idiot! Können Sie nicht woanders hintreten?“, brüllt auf einmal ein Fahrgast den anderen an. „Doch, aber dann können Sie einige Zeit nicht mehr sitzen“, antwortet der andere seelenruhig.

Test Seite 109
„Ich fahre heute ins Schwimmbad“, verkündet Tom am Frühstückstisch. „Oh, toll! Ich komme mit“, ruft Lisa. „Du kannst ja gar nicht richtig schwimmen“, entgegnet Tom. „Du bist gemein!“, ruft Lisa ärgerlich. „Naja, ich muss doch dann ständig auf dich aufpassen“, erklärt ihr großer Bruder. „Nein, das brauchst du nicht!“, mischt Mama sich in das Gespräch ein. „Wir achten auf Lisa“, erklärt sie.

Auswertung zum Test
Für jede richtige erkannte wörtliche Rede (mit Unterstreichung, Doppelpunkt und Anführungszeichen) erhältst du einen Punkt.
Von insgesamt 7 Punkten hast du .... Punkte erreicht.

Super!	In Ordnung!	Bitte noch einmal üben!
7 Punkte	6 bis 5 Punkte	Weniger als 5 Punkte

Sätze

Seite 110

1. „Wasch dir die Hände, bevor du zur Schule gehst!", ruft die Mutter. „Das ist nicht nötig", antwortet Sven: „ich melde mich ja doch nicht."

   „Wie gerne würde ich auch einmal Ski laufen", jammert der Tausendfüßler, „aber bis ich meine Skier angeschnallt habe, ist der Winter vorbei."

   „Ich möchte ein Konto bei Ihnen eröffnen", sagt der Bankkunde. „Aber Sie haben doch erst letzte Woche ein Konto bei uns eröffnet", antwortet der Angestellte. „Ach, das taugt nichts", erwidert der Kunde, „da ist ja schon kein Geld mehr drauf!"

   Ein sehr geiziger Mann sagt zu seiner Frau: „Heute bin ich einem Bus hinterhergelaufen und habe so das Fahrgeld gespart." „Du Trottel!", entgegnet seine Frau, „wärst du einem Taxi hinterhergerannt, hättest du noch mehr gespart."

   Ein Mann zieht sich mitten im Winter an einem Teich aus. Ordentlich hängt er seine Sachen über einen verschneiten Ast. Ein Spaziergänger kommt vorbei: „Was, um diese Zeit wollen Sie baden?" „Wieso?", fragt der Mann, „Es ist doch erst viertel vor zwei!"

Seite 111

Test

Fritz fragt den Lehrer: „Kann man für etwas bestraft werden, das man nicht gemacht hat?" „Nein, das wäre ungerecht", antwortet der Lehrer. „Das ist gut!", ruft Fritz lachend, „Ich habe nämlich meine Hausaufgaben nicht gemacht."

Auswertung zum Test

Für jedes richtige Satzzeichen erhältst du einen Punkt.

Von insgesamt 12 Punkten hast du .... Punkte erreicht.

Super!	In Ordnung!	Bitte noch einmal üben!
12 bis 10 Punkte	9 bis 7 Punkte	Weniger als 7 Punkte

Seite 112

1. a) Der Händler hat frisches Obst: Bananen, Orangen, Äpfel und Birnen.
   b) Ich esse gerne Pizza, Spaghetti und Torte. (nach Spaghetti kein Komma)
   c) Was ist lecker, aromatisch und grün?

2. a) Lisa, Tom, Mama und Tina begleiten Oma auf den Markt.
   b) Die Kinder tragen Taschen, Körbe und Beutel.
   c) Auf dem Marktplatz sind schon viele Buden, Marktstände und Verkaufswagen aufgebaut.
   d) Gleich am Eingang treffen sie Frau Schöllchen mit ihren Kindern Mark, Suse und Leo.
   e) Sollen sie zuerst Obst, Gemüse, Käse oder Brot kaufen?
   f) Am Gemüsestand warten schon viele Frauen, Männer und Kinder darauf, bedient zu werden.

Seite 113

Test

Oma braucht Kartoffeln, Gurken, Tomaten und Zwiebeln. Sie überlegt: „Soll ich das Gemüse bei Herrn Özdemir, bei Frau Schaller oder bei Bauer Kindermann kaufen?" Schließlich geht sie zu Herrn Özdemir. Dort sieht das Gemüse besonders frisch und gesund aus. Bei den Tomaten ist es schwierig: Es gibt Strauchtomaten, Flaschentomaten, Fleischtomaten und sogar Kirschtomaten. Welche soll sie nehmen? Lisa soll in der Zwischenzeit Obst kaufen. Der Verkäufer fragt: „Möchtest du vielleicht unsere Weintrauben probieren? Ich kann dir Weintrauben aus Spanien, aus Griechenland oder der Türkei anbieten.“ Lisa probiert erst einmal. Die Weintrauben aus der Türkei sind besonders fruchtig, süß und aromatisch. „Die nehme ich“, sagt sie. Dann schaut sie sich um. Wo sind denn bloß die anderen? Sie lacht. Oma, Mama, Tina und Tom stehen schon am Eisstand und winken ihr zu.

Auswertung zum Test
Für jedes richtige Satzzeichen erhältst du einen Punkt. Hast du zu viele gesetzt? Dann musst du für jedes falsche einen Punkt abziehen.
Von insgesamt 9 Punkten hast du .... Punkte erreicht.

Super!	In Ordnung!	Bitte noch einmal üben!
9 bis 8 Punkte	7 bis 6 Punkte	Weniger als 6 Punkte

1. a) Opa freut sich, weil endlich wieder die Sonne scheint. Seite 114
   b) Er zieht sich die Stiefel an, damit er in den Garten gehen kann.
   c) Die ersten Knospen sind zu sehen, obwohl es noch kalt ist.
   d) Er ist glücklich, dass die Tage jetzt wieder länger werden.
   e) Lisa spielt in der Sonne, während er das Werkzeug sortiert.
   f) Mama bringt Getränke raus, als sie die beiden sieht.

2. Alle sind glücklich, weil der Frühling kommt.

3. a) Tom möchte gern schwimmen, aber das Wasser ist kalt.
   b) Tina mag gern Äpfel, aber sie hasst Apfelmus.
   c) Mama ruft nach Zottel, aber er kommt nicht.
   d) Papa sucht den Hammer, aber er kann ihn nicht finden.
   e) Opa kocht Kaffee, aber er schmeckt Oma nicht.

4. Lisa lernt Englisch, weil sie mit Zottel einmal nach England reisen möchte. Sie findet England richtig toll, nachdem Lena ihr so viel davon erzählt hat. Nachts legt sie das Englischbuch unter ihr Kopfkissen. Sie glaubt, so kann sie lernen, während sie schläft. Auch mit Zottel spricht sie Englisch, aber er reagiert nicht. Seite 115

5. Außerdem übt Lisa tüchtig schwimmen, denn England ist eine Insel.

6. Mama und Lisa haben Holz, Schrauben und Farbe gekauft, weil sie ein neues Regal bauen. Seite 116
   Die Wortreihenfolge im zweiten Satz ändert sich.

7.

Tom geht gern zur Schule.	weil	Sie bekommt heute Gäste.	Tom geht zur Schule, weil er ganz viel lernen möchte.
Lisa setzt sich eine Mütze auf.		Sie ist zu einer Party eingeladen.	Lisa setzt sich eine Mütze auf, weil es draußen sehr kalt ist.
Oma backt einen Kuchen.		Er möchte ganz viel lernen.	Oma backt einen Kuchen, weil sie heute Gäste bekommt.
Tina macht sich schick.		Es ist draußen sehr kalt.	Tina macht sich schick, weil sie zu einer Party eingeladen ist.

Seite 117 Test

a) Montags hat Oma keine Zeit, denn dann trifft sie sich immer mit ihrer Freundin. Heute begann es zu regnen, als/während Oma das Haus verließ. Sie lief schnell die Straße entlang, weil sie es eilig hatte. Sie unterhielt sich mit Frau Paulsen, während/als sie auf den Bus wartete. Oma fährt jeden Montag mit dem Bus, obwohl ihre Freundin gar nicht weit entfernt wohnt. Sie nimmt lieber den Bus, damit sie sich unterwegs immer mit dem netten Busfahrer Herrn Malke unterhalten kann. Herr Malke freut sich immer, wenn Oma in seinen Bus steigt.

b) Wenn Oma in seinen Bus steigt, freut sich Herr Malke immer.

Auswertung zum Test

Für jedes richtige Bindewort mit Satzzeichen erhältst du einen Punkt. Für den richtigen Satz in b) erhältst zu zwei Punkte.

Von insgesamt 9 Punkten hast du .... Punkte erreicht.

Super!	In Ordnung!	Bitte noch einmal üben!
9 bis 8 Punkte	7 bis 6 Punkte	Weniger als 6 Punkte

Kapitel 6: Satzglieder

Seite 118

1. 1. Beobachtet Zottel die Katzen im Garten?
   2. Im Garten beobachtet Zottel die Katzen.
   3. Die Katzen beobachtet Zottel im Garten.
   4. Beobachtet Zottel im Garten die Katzen?

Seite 119

2. 1. Hinter der Hecke entdeckten die Katzen ein Versteck.
   2. Entdeckten die Katzen hinter der Hecke ein Versteck?
   3. Ein Versteck entdeckten die Katzen hinter der Hecke.
   4. Ein Versteck hinter der Hecke entdeckten die Katzen.
   5. Hinter der Hecke entdeckten ein Versteck die Katzen.

   Beim letzten Satz ist die Satzgliedstellung so ungewöhnlich, dass manche einen solchen Satz wohl für falsch halten könnten.

3. Frisst Lisas Hund am liebsten rote Gummibärchen?
   Reitet Lisa montags immer auf Zottel durch die Stadt?

4. Zottel und Bello toben am Nachmittag im Garten und erschrecken die Eichhörnchen.

5. Erschrecken Zottel und Bello am Nachmittag im Garten die Eichhörnchen?

Seite 120

6. Beispiellösung:
   Tinka backt dem Tankwart eine Torte. Backt Tinka dem Tankwart eine Torte?
   Lisa schenkt Zottel ein Lesebuch. Schenkt Lisa Zottel ein Lesebuch?
   Der Polizist kocht Onkel Paul Grießbrei. Kocht der Polizist Onkel Paul Grießbrei?
   Tom näht Tina eine Schürze. Näht Tom Tina eine Schürze?

Seite 121 Test

a) Lisa (1) besucht (2) Jule und ihre Familie (3) sehr gern (4).

b) In den Ferien übernachtet Lisa manchmal bei Jule.
1 2 3 4 5

c) In der Scheune auf Jules Hof leben vier Katzen.
1 2 3 4

d) Am liebsten besuchen die beiden Mädchen die kleinen Ziegen.
1 2 3 4

e) Sie haben ein eigenes Gehege hinter dem Garten.
1 2 3 4

f) Bei schönem Wetter spielen sie auf der großen Wiese mit Jules Hund und mit Zottel.
1 2 3 4 5

g) Manchmal fahren die Kinder mit Jules Mutter auf dem Trecker.
1 2 3 4 5

Auswertung zum Test
Für jede richtige Unterstreichung mit Nummer erhältst du einen Punkt.
Von insgesamt 31 Punkten hast du .... Punkte erreicht.

Super!	In Ordnung!	Bitte noch einmal üben!
31 bis 26 Punkte	25 bis 16 Punkte	Weniger als 16 Punkte

1. Spielt die kleine Katze am liebsten mit dem Wollknäuel? Am liebsten spielt die kleine Katze mit dem Wollknäuel. Mit dem Wollknäuel spielt die kleine Katze am liebsten. Seite 122
Frisst Tinas Hase jeden Morgen eine frische Möhre? Jeden Morgen frisst Tinas Hase eine frische Möhre. Eine frische Möhre frisst Tinas Hase jeden Morgen.
Füttert Opa die Pferde des Nachbarn mit altem Brot? Die Pferde des Nachbarn füttert Opa mit altem Brot. Mit altem Brot füttert Opa die Pferde des Nachbarn.
Sucht der Igel im Herbst im Garten ein Winterquartier? Der Igel sucht im Herbst im Garten ein Winterquartier. Im Herbst sucht der Igel im Garten ein Winterquartier. Im Garten sucht der Igel im Herbst ein Winterquartier.

2. a) Am Abend sitzt die kleine Katze oft auf der Fensterbank. Seite 124
Die kleine Katze sitzt am Abend oft auf der Fensterbank.
Sitzt die kleine Katze am Abend oft auf der Festerbank?
b) Manchmal stellt Oma dem kleinen Igel Milch auf die Terrasse.
Oma stellt dem kleinen Igel manchmal Milch auf die Terrasse.
Stellt Oma dem kleinen Igel manchmal Milch auf die Terrasse?
c) Zottel jagt mit viel Freude die Vögel durch den Garten.
Mit viel Freude jagt Zottel die Vögel durch den Garten.
Jagt Zottel mit viel Freude die Vögel durch den Garten?
d) Die beiden Pferde Mia und Pit warten jeden Abend auf Opa.
Jeden Abend warten die beiden Pferde Mia und Pit auf Opa.
Warten die beiden Pferde Mia und Pit jeden Abend auf Opa?

3. Lisa und ihre Freundin bringen Zottel heimlich Kunststücke bei. Bringen Lisa und ihre Freundin Zottel heimlich Kunststücke bei?

Test Seite 125

a) Lisa war an ihrem Geburtstag sehr aufgeregt.
An ihrem Geburtstag war Lisa sehr aufgeregt.

b) Sie wachte schon früh am Morgen auf.
Schon früh am Morgen wachte sie auf.

Satzglieder

c) Sie lief im Schlafanzug schnell die Treppe hinunter.
Im Schlafanzug lief sie schnell die Treppe hinunter

d) Lisa entdeckte im Wohnzimmer ihren Geburtstagstisch.
Im Wohnzimmer entdeckte sie ihren Geburtstagtisch

e) Sie zählte die bunten Kerzen auf dem Geburtstagskuchen.
Auf dem Geburtstagskuchen zählte sie die bunten Kerzen.

f) Sie befühlte neugierig die verschiedenen Päckchen.
Neugierig befühlte sie die verschiedenen Päckchen.

Auswertung zum Test
Für jede richtige Unterstreichung erhältst du einen Punkt. Die umgestellten Sätze werden hier nicht bepunktet. Die können bei dir selbstverständlich auch anders aussehen. Beispielsweise könnte der erste Satz auch lauten: Sehr aufgeregt war Lisa an ihrem Geburtstag.
Von insgesamt 26 Punkten hast du .... Punkte erreicht.

Super!	In Ordnung!	Bitte noch einmal üben!
26 bis 21 Punkte	20 bis 14 Punkte	Weniger als 14 Punkte

Seite 126

1. Heute Nachmittag kommt Geburtstagsbesuch.
Wer kommt heute Nachmittag? Geburtstagsbesuch.
Mama hat Lisas Lieblingskuchen gebacken.
Wer hat Lisas Lieblingskuchen gebacken? Mama.
Zottel trägt eine rote Schleife um den Hals.
Wer trägt eine rote Schleife um den Hals? Zottel.

2. Die Geburtstagskerze steht schon auf dem Tisch.
Was steht schon auf dem Tisch? Die Geburtstagkerze.
Jedes Geschenk ist bunt verpackt.
Was ist bunt verpackt? Jedes Geschenk.

Seite 127

3. Der Orangensaft ist im Kühlschrank.
Was ist im Kühlschrank?
Eiswürfel liegen bereit.
Was liegt bereit?
Kaffee und Kakao sind auch gleich fertig.
Was ist auch gleich fertig?
Die Nachbarin wird noch kommen, um zu helfen.
Wer wird noch kommen, um zu helfen?

Test
Um drei Uhr klingelt der erste Gast an der Tür.
Wer klingelt um drei Uhr?
Lisa rennt aufgeregt hin und öffnet.
Wer rennt aufgeregt hin und öffnet?
Vor der Tür steht ein riesengroßes Paket.
Was steht vor der Tür?
Opa schaut lachend um die Ecke.
Wer schaut lachend um die Ecke?
Das Fahrrad hatte Lisa sich schon lange gewünscht.
Wer hatte sich das Fahrrad schon lange gewünscht?

Auswertung zum Test
Für jedes richtige „Wer“ oder „Was“ erhältst du einen Punkt.
Von insgesamt 5 Punkten hast du .... Punkte erreicht.

Super!	In Ordnung!	Bitte noch einmal üben!
5 Punkte	4 Punkte	Weniger als 4 Punkte

1. Tom und seine Freunde wollen im Garten zelten. Seite 128
   Wer will im Garten zelten?
   Das Wetter soll schön werden.
   Was soll schön werden?
   Am Vormittag haben die Kinder das Zelt aufgestellt.
   Wer hat am Vormittag das Zelt aufgestellt?
   Sie freuen sich schon auf den Abend.
   Wer freut sich schon auf den Abend?
   Niklas und Paul haben große Taschenlampen mitgebracht.
   Wer hat große Taschenlampen mitgebracht.
   Die Schlafsäcke liegen schon im Zelt bereit.
   Was liegt schon im Zelt bereit?

2. Lisa und Tina wollen den Jungen einen Streich spielen. Seite 129
   Ihre Ideen sind richtig gruselig! Sie müssen dazu warten, bis es ganz dunkel ist. Der Abend ist sehr lang. Die Zeit vergeht sehr langsam. Die beiden Mädchen sind schon furchtbar müde. Schließlich fallen Lisas Augen zu. Auch Tina murmelt nur noch: „Komm, lass uns schlafen gehen.“
   Am nächsten Morgen ärgern sie sich sehr über die verpasste Gelegenheit.

Test
Am Abend grillen Papa und Onkel Paul Würstchen für die Kinder. Auch Tinas Nudelsalat schmeckt richtig lecker. Dann geht die Sonne unter. Tom holt noch Kissen und Decken aus dem Haus. Die Jungen haben so ein gemütliches Zelt. Später schaut Mama noch einmal zu ihnen herein. Sie sagt ihnen Gute Nacht. Niklas liest noch aus seinem großen Abenteuerbuch vor. Danach löschen sie das Licht. Die Nacht ist sehr dunkel. Der Mond scheint direkt in das kleine Zelt. Draußen rascheln die Blätter im Wind. Der kleine Igel läuft am Zelt vorbei und wundert sich. Manchmal dringen seltsame Geräusche in das Zelt. Ein kleines bisschen Angst hat Tom schon. Aber schließlich schläft auch er ein und träumt von großen Abenteuern.

Auswertung zum Test
Für jede richtige Markierung erhältst du einen Punkt Für falsche Markierungen musst du dir einen Punkt abziehen.
Von insgesamt 16 Punkten hast du .... Punkte erreicht.

Super!	In Ordnung!	Bitte noch einmal üben!
16 bis 13 Punkte	12 bis 9 Punkte	Weniger als 9 Punkte

1. a) Lisa kennt Flicka schon von ihrem letzten Reiterurlaub. Seite 130
      Was tut Lisa? Sie kennt.
   b) Jeden Morgen läuft Lisa gleich in den Stall.
      Was tut Lisa? Sie läuft.

c) Flicka begrüßt ihre kleine Freundin freundlich.
Was tut Flicka? Sie begrüßt.

d) Lisa fotografiert Flicka am ersten Tag.
Was tut Lisa? Sie fotografiert.

Seite 131

2. Am ersten Tag erkundet Lisa den Ponyhof. Sie entdeckt auf dem Spielplatz eine neue Rutsche. Auf der Weide besucht sie die anderen Pferde. Nelly erkennt sie tatsächlich. Die Stute kommt an den Zaun. Lisa streichelt ihr weiches Fell. Dann läuft sie ins Haus. In der Küche bereitet die Köchin das Abendessen für die Kinder vor. Lisa hilft ihr ein bisschen. Der Hausmeister wechselt im Flur die Glühlampen. Auch er erinnert sich noch an Lisa. Alle sind so freundlich zu ihr. Lisa findet es wirklich wunderschön hier.

3. Am Abend schleicht sich Lisa in den Stall. Sie liest Flicka aus ihrem großen Pferdebuch vor. Flicka hört aufmerksam zu.

4. Flick frisst Hafer und Heu. Lisa besucht Flicka. Die Reitlehrerin lobt die Kinder. Der Stalljunge bringt frisches Stroh mit.

Seite 132

5. Heute machen die Kinder einen Ausritt. Sie treffen sich nach dem Frühstück am Pferdestall. Flicka begrüßt Lisa mit einem lauten Wiehern. Lisa holt den Sattel. Sie legt ihn auf Flickas Rücken. Dann befestigt sie das Zaumzeug. Schließlich reiten sie los. Mit den anderen Pferden trabt Flicka über die große Wiese. Lisa lacht vor Freude. Am Fluss spendieren die Betreuer ein große Picknick für alle. Ein toller Tag!

6. Beispiellösung: Lisa reitet mit ihrem Pferd am Meer entlang. Sie füttert es mit dem besten Hafer, den sie bekommen kann. Sorgfältig striegelt sie das weiche Fell des Pferdes. Wenn sie es sattelt, spricht sie leise mit ihm.

Seite 133

Test

Lisa striegelt Flicka jeden Morgen. Die anderen Mädchen und sie reiten täglich auf der Weide. Nach dem Ausritt bringt Lisa ihrem Pferd frisches Wasser. Am Abend putzt sie Flicka sorgfältig. Mit dem Hufkratzer reinigt Lisa auch ihre Hufe. Zum Dank wiehert Flicka leise in Lisas Ohr. Zärtlich krault Lisa Flickas Fell. Abends kuschelt Lisa sich in ihre Bettdecke.Sie träumt natürlich von ihrem Pferd. Lisa liebt Flicka von Tag zu Tag mehr. Am letzten Tag holen Papa und Mama Lisa vom Reiterhof ab. Lisa stellt den beiden ihre Reitlehrerin und natürlich Flicka vor. Dann lädt Papa Lisas Gepäck ein. Schweren Herzens fährt Lisa mit ihren Eltern mit. Zu Hause packt Lisa als erstes das Foto von Flicka aus.

Auswertung zum Test

Für jede richtige Unterstreichung erhältst du einen Punkt. Für falsche Unterstreichungen musst du dir einen Punkt abziehen.
Von insgesamt 20 Punkten hast du .... Punkte erreicht.

Super!	In Ordnung!	Bitte noch einmal üben!
20 bis 16 Punkte	15 bis 11 Punkte	Weniger als 11 Punkte

Seite 134

1. a) Tina und ihre Freundin planen ein Referat.
Was tun Tina und ihre Freundin? Sie planen.

b) Sie bereiten sich sehr gut auf ihren Vortrag vor.
Was tun sie? Sie bereiten sich vor.

c) Heute holen sie Bücher aus der Bibliothek ab.
Was tun sie? Sie holen ab.

2. Der Hausmeister hängt das Plakat auf. Die Mädchen bringen interessante Fotos mit. Mama hört sich das Referat an. Herr Riese lobt die Schülerinnen. Tina liest eine Geschichte vor. Seite 135

3. a) Liest Rita ein Buch?
b) Spitzt Tom die Stifte an?
c) Holt Lea große Pappen?
d) Träumt Stefan von den Ferien?

4. Die beiden Mädchen lesen verschiedene Texte zu ihrem Referatsthema. Tina berichtet Laura über ihr Buch. Die beiden gestalten ein Plakat zum Thema. Laura schreibt wichtige Informationen auf farbige Blätter. Tina zeichnet eine Tabelle. Die Tabelle klebt sie dann auf das Plakat. Laura unterstreicht die Überschriften. Tina markiert wichtige Stichwörter mit einem farbigen Stift. Schließlich malen sie noch ein Bild für das Plakat. Um 18.00 Uhr beenden sie ihre Arbeit. Seite 136
Am nächsten Morgen stehen sie sehr früh auf. Sie bereiten im Klassenraum alles für den Vortrag vor. In der Pause frühstücken sie ganz in Ruhe. Aber Tina spürt jetzt doch die Aufregung. Laura beruhigt sie. Sie spricht ihr Mut zu. Tatsächlich, alles klappt wie am Schnürchen. Die Kinder hören interessiert zu. Anschließend stellen sie viele Fragen. Herr Schröder lobt ihren Fleiß.

5. Nach der Stunde wartet Tinas Freundin Anne schon vor der Tür. Sie fragt ganz gespannt. „Na, wie war es?" Tina erzählt: „Ich habe zuerst ein bisschen Angst gehabt. Aber Laura hat mich beruhigt. Ich hatte ja auch gut gelernt! Eigentlich hat es dann sogar ein wenig Spaß gemacht. Alle haben mir zugehört! Die Kinder haben dann viele Fragen gestellt. Wir konnten alles beantworten. Und weißt du, was? Herr Schröder hat uns eine Eins gegeben!" Seite 137

Test
Nach der Schule holt Mama die beiden Mädchen ab. Sie wartet vor der Schule. „Herzlichen Glückwunsch!", ruft sie. Sie nimmt den Mädchen die Schulranzen ab, dann steigen sie ins Auto. Das Auto fährt los. Etwas später halten sie vor der Eisdiele an. „Ich lade euch ein!"

Auswertung zum Test
Für jedes richtig eingesetzte Wort erhältst du einen Punkt.
Von insgesamt 13 Punkten hast du .... Punkte erreicht.

Super!	In Ordnung!	Bitte noch einmal üben!
13 bis 11 Punkte	10 bis 7 Punkte	Weniger als 7 Punkte

1. a) Mama gießt die Blumen. Seite 138
Was gießt Mama? Die Blumen.
b) Opa bindet die Tomatenpflanzen an.
Was bindet Opa an? Die Tomatenpflanzen.
c) Oma begrüßt die Nachbarin.
Wen begrüßt Oma? Die Nachbarin.
d) Papa schneidet die Hecke.
Was schneidet Papa? Die Hecke.

Satzglieder

Seite 139

2. Niklas malt eine Ritterburg.
Lisa holt ihre Freundin ab.
Frau Schöllchen erklärt die Hausaufgaben.
Tina sortiert die Perlen.

3. Beispiellösung: Lisa kauft ihrem Vater einen neuen Rasierer, da der Bart immer so stachelt. Zottel trifft einen alten Ziegenbock, der das gar nicht lustig findet. Die kleine Katze frisst sehr gerne Thunfisch.

Seite 140

4. Papa holt den Rasenmäher aus dem Schuppen. Lisa sortiert die Förmchen im Sandkasten. Mama kämmt Zottel. Tom repariert die Fahrräder. Dann putzt er sie ganz gründlich. Opa streicht den Zaun. Oma holt die Gartenstühle aus dem Keller. Onkel Paul sucht den Spaten. Er will das Blumenbeet umgraben. Plötzlich entdeckt er eine kleine Maus. Sie verlässt gerade ein Erdloch. Lachend legt er den Spaten weg. Er sagt: „Ich will dich nicht vertreiben." Tina pflanzt mit Mama neue Himbeerbüsche. Tina isst am liebsten Himbeermarmelade. Sie braucht davon ein Glas in der Woche. Im Haus bereitet Oma schon das Abendessen vor. Heute deckt sie draußen den Tisch.

Seite 141

Test

In der Grundschule haben die Kinder auch einen Schulgarten.
Jede Klasse bekommt ein Beet.
Die Eltern haben Apfelbäume gepflanzt.
Frau Schöllchen kauft viele bunte Samentüten.
Jedes Kind sucht sich ein Tütchen aus.
Die erste Klasse wünscht sich ganz viele Erdbeerpflanzen.
Tom und seine Freunde pflanzen jedes Jahr Kartoffeln.
Sie lieben Kartoffelsalat. Die 2b legt sogar einen kleinen Teich an.
Die Kinder bringen Wasserpflanzen von zu Hause mit.
Eine Klasse baut ein Bohnenzelt.
Die Feuerbohnen bekommen leuchtend rote Blüten.
Der Hausmeister gibt die Gartengeräte aus.
Er gießt die Pflanzen auch in den Ferien.

Auswertung zum Test

Für jede richtige Markierung erhältst du einen Punkt.
Von insgesamt 47 Punkten hast du .... Punkte erreicht.

Super!	In Ordnung!	Bitte noch einmal üben!
47 bis 39 Punkte	38 bis 24 Punkte	Weniger als 24 Punkte

Seite 142

1. Wem erklärt Laura die Matheaufgaben? Wem zeigt Tom den Weg auf den Schulhof? Wem bindet Stefan die Schuhe zu? Wem bringt Mehmed die Kakaoliste? Wem öffnet Gianina die Tür? Wem geben sie etwas zu essen ab?

Seite 143

2. Beispiellösung
Der Lkw-Fahrer bringt der Familie eine neue Badewanne.
Onkel Paul schenkt der 1. Klasse bunte Lesehefte.
Frau Schöllchen bringt der kleinen Katze ein Körbchen.
Die Nachbarin kocht dem kranken Kind Kakao.

3. Lisa reicht Frau Schöllchen die Girlanden. Paul leiht Tina und Mareike seine guten Stifte, um die Wegweiser zu schreiben. Murats Vater bringt den Kindern die Getränke. Nico, Sören und Lea holen den Erwachsenen große Stühle aus dem Lehrerzimmer. Frau Schöllchen erklärt dem Hausmeister den Sitzplan. Pia und Leon werden den Gästen heute Nachmittag Lose verkaufen. Mia und Lasse legen den kleinen Geschwistern Malblätter zurecht. Außerdem werden Suse und Ole ihnen Märchen vorlesen. Lisas Oma backt der Klasse einen großen Apfelkuchen. Lisa stellt ihr ganz stolz die Klassenlehrerin vor. Endlich ist alles fertig!

Seite 144

4. Der Tierpfleger schüttet den Löwen einen Eimer frische Heringe auf die Felsen. Der Raubtierwärter bringt den Schafen eine große Portion Fleisch. Der Pförtner schenkt dem verletzten Elefantenbaby eine kleine Tüte Gummibärchen. Der Zoodirektor zeigt den Eisbären den neuen Kinderspielplatz. Der Schäfer schert den Papageien das Fell. Die Vogelexpertin füllt jedem Kind frisches Wasser in die Voliere. Der Tierarzt verbindet dem Bürgermeister den Fuß.

Der Tierpfleger schüttet den Eisbären einen Eimer frische Heringe auf die Felsen.
Der Raubtierwärter bringt den Löwen eine große Portion Fleisch.
Der Pförtner schenkt jedem Kind eine kleine Tüte Gummibärchen.
Der Zoodirektor zeigt dem Bürgermeister den neuen Kinderspielplatz.
Der Schäfer schert den Schafen das Fell.
Die Vogelexpertin füllt den Papageien frisches Wasser in die Voliere.
Der Tierarzt verbindet dem verletzten Elefantenbaby den Fuß.

5. a) Gestern kam Tante Kunigunde.
   b) Sie brachte der ganzen Familie Geschenke mit.
   c) Lisa und ihre Geschwister staunten sehr.
   d) Tante Kunigunde schenkte Mama eine völlig verrostete Laubsäge.
   e) Dem Papa überreichte sie rosarote Plüschpantoffeln.
   f) Lisa packte einen karierten Motorradhelm aus.
   g) Tina erhielt ein großes Paket Gänsefedern.
   h) Tom gab sie eine kleine geheimnisvolle Schatzkiste.
   i) Voller Freude umarmte er die Tante.
   j) Sie zwinkerte ihm geheimnisvoll zu.

Test

Seite 145

Neugierig öffnete Tom die Schatzkiste.
In der Schatzkiste entdeckte er ein Foto.
Das Foto zeigte ein süßes Hundebaby.
Überglücklich umarmte Tom die Tante.
Tante Kunigunde gab ihm nun eine große Schachtel.
Der kleine Hund knabberte schon den Karton an.
Schnell gab Tom dem Hundebaby etwas Hundefutter.
Lisa rief: „Jetzt hat Zottel auch ein Geschwisterchen!“

Auswertung zum Test
Für jede richtige Markierung erhältst du einen Punkt.
Von insgesamt 29 Punkten hast du .... Punkte erreicht.

Super!	In Ordnung!	Bitte noch einmal üben!
29 bis 24 Punkte	23 bis 15 Punkte	Weniger als 15 Punkte

Satzglieder

Seite 146

1.

heute Nachmittag	Zeit-angaben	kurz danach
auf dem Bahnhof		neben dem Haus
auf dem Monitor		dort
am 1. Mai		jeden Montag
danach	Orts-angaben	in der Klasse
in der Schultasche		im Gras
unter dem Tisch		später
zwei Stunden lang		übermorgen

2. Beispiellösung: Der Unterricht beginnt morgens um acht Uhr. Die große Pause dauert 20 Minuten.

Seite 147

3. Beispiellösung: Der Nachtwächter würfelt jeden Freitag neben der Laterne. Papa wartet 20 Minuten lang in der Hundehütte. Die Zeitungsfrau singt stundenlang im Kino.

4. Tom trifft sich heute mit seinen Freunden auf dem Sportplatz, um für das Sportfest zu trainieren. Sie laufen einige Runden um den Platz, bevor sie gemeinsam zur Sprungkuhle gehen. Anschließend spielen sie natürlich auch noch Fußball. Tom ist sehr stolz, er steht heute das erste Mal im Tor.

Seite 148

5. Übermorgen beginnen die großen Ferien.
Wann beginnen die großen Ferien?
Vor dem Haus packt Papa das Auto schon einmal zu Probe.
Wo packt Papa das Auto schon einmal zur Probe?
Lisa ist schon seit zwei Tagen reisefertig.
Seit wann ist Lisa reisefertig?
Alle ihre Kuscheltiere sind schon in ihrem Rucksack verstaut.
Wo sind alle ihre Kuscheltiere verstaut?
Mama möchte heute am liebsten schon in Italien sein.
Wann möchte Mama schon in Italien sein?
Wo möchte Mamma heute schon sein?

6. in der Eisdiele
~~Heilig Abend~~
in dem alten Kloster
~~auf der Nordseeinsel~~
auf dem Parkplatz
am Strand
in Rom
im Hotel
~~in eiskalter Nacht~~
~~am 14. März~~
~~während des Schneesturms~~
~~bei den Pyramiden~~
um Mitternacht
~~auf der Themse~~
~~vor dem Unterricht~~
in Venedig

Seite 149

Test

Tom und Tina sind pünktlich an der Sporthalle. Alle anderen Kinder laufen schon seit einiger Zeit auf dem Schulhof herum. Genau um 18.00 Uhr kommt Herr Martens, der Sportlehrer mit seinem Fahrrad auf den Schulhof gefahren. Er schließt sofort die Sporthalle auf. Dann stellt er das Rad in den Fahrradständer. Tina holt ihre Sachen aus der Sporttasche und zieht sich um. Zuletzt bindet sie ihre Turnschuhe zu und läuft in die Turnhalle. Gemeinsam mit den anderen Kindern holt sie die Bälle aus dem Nebenraum. Zehn Minuten lang dürfen die Kinder frei spielen. Danach pfeift Herr Martens und alle Kinder versammeln sich im Mittelkreis. Nach einer kurzen Besprechung stellen sie sich in zwei Mannschaften auf den Linien auf. Das Training beginnt und die Kinder spielen bis 19.00 Uhr Handball. Am Abend fallen Tom und Tina todmüde in ihr Bett.

Auswertung zum Test
Für jede richtige Unterstreichung erhältst du einen Punkt. Für falsche Unterstreichungen musst du dir je einen Punkt abziehen.
Von insgesamt 20 Punkten hast du .... Punkte erreicht.

Super!	In Ordnung!	Bitte noch einmal üben!
20 bis 17 Punkte	16 bis 11 Punkte	Weniger als 11 Punkte

1. a) Neugierig schaut der kleine Affe um die Ecke. Seite 150
   b) Das Dromedar schreitet gemächlich durch sein Gehege.
   c) Der Löwe blinzelt schläfrig in der Sonne.
   d) Zufrieden planscht das Nilpferd in seinem Bassin.
   e) Die Bären warten hungrig auf die Fütterung.
   f) Die Kaninchen kommen munter aus ihrem Bau.
   g) Die Antilopen jagen sich voller Übermut.
   h) Das kleine Zebra drückt sich ängstlich an seine Mutter.
   i) Die Kinder warten ungeduldig darauf, dass sie am Eisstand vorbeikommen.
   Wie ...?

2. Beispiellösung: Papa wäscht gründlich das Auto. Lisa betrachtet traurig Flickas Foto. Toms Klasse macht fleißig ihre Hausaufgaben. Oma wäscht vorsichtig den Wintermantel. Pia füttert vorsichtig den Goldhamster. Seite 151

3. Lisa arbeitet mit viel Freude in Opas Werkstatt. Am liebsten sägt sie langsam und vorsichtig Figuren aus Sperrholz aus. Anschließend bearbeitet sie das Holz geduldig mit Schleifpapier. Ihr Lieblingswerkzeug ist jedoch der Hammer. Kraftvoll schlägt sie damit Nägel ins Holz.

4. Papa ist heute gut gelaunt von der Arbeit heimgekommen. Seite 152
   Die Kinder in Lisas Klasse haben beim Sportfest haushoch gewonnen.
   Oma und Opa erzählen mit viel Freude Geschichten aus ihrer Kindheit.
   Tina hat mit Omas Hilfe eine Kuscheldecke für Zottel genäht.

5.

heute morgen	voller Übermut
mit großem Geschick	auf dem Bahnhof
um neun Uhr	sehr selten
mit traurigen Augen	laut lachend
unter dem Schreibtisch	auf die Minute genau

Test Seite 153
Die Erdmännchen flitzen langsam und gemächlich durch den Sand.
Die Erdmännchen flitzen schnell/rasant durch den Sand.
Der Luchs schleicht völlig hektisch durch den Wald.
Der Luchs schleicht vorsichtig/zögerlich durch den Wald.
Der Albatros flattert sehr elegant durch die Luft.

Satzglieder

Der Albatros flattert unsicher/unbeholfen durch die Luft.
Zwei Schimpansenkinder kreischen mucksmäuschenstill in den Bäumen.
Zwei Schimpansenkinder kreischen aufgeregt/furchtbar laut/aufdringlich in den Bäumen.
Die Klapperschlange schlängelt sich polternd durch den Sand.
Die Klapperschlange schlängelt sich geräuschlos/beängstigend/vorsichtig/leise durch den Sand.
Die Giraffen stolzieren furchtbar ängstlich über die Steppe.
Die Giraffen stolzieren mit erhobenem Haupt/gemächlich/zu zweit/furchtlos über die Steppe.

Auswertung zum Test
Für jede richtige Unterstreichung erhältst du einen Punkt. Für jede passende Ergänzung erhältst du ebenfalls einen Punkt. Die Musterlösung kann dir helfen, einzuschätzen, ob deine Lösung in Ordnung ist. Sei dabei dir selbst gegenüber aber nicht zu großzügig.
Von insgesamt 12 Punkten hast du .... Punkte erreicht.

Super!	In Ordnung!	Bitte noch einmal üben!
12 bis 10 Punkte	9 bis 7 Punkte	Weniger als 7 Punkte

Seite 154

1. Tom und Opa reparieren in der Garage die Fahrräder.
   In der Garage reparieren Tom und Opa die Fahrräder./Die Fahrräder reparieren Tom und Opa in der Garage./Reparieren Tom und Opa die Fahrräder in der Garage?
   Am Abend kommen Lisa und Marie glücklich vom Reiterhof zurück.
   Lisa und Marie kommen am Abend glücklich vom Reiterhof zurück./Glücklich kommen Lisa und Marie am Abend vom Reiterhof zurück./Kommen Lisa und Marie am Abend glücklich vom Reiterhof zurück?
   Zottel liegt nach dem langen Spaziergang im Park schlapp und müde in seinem Körbchen.
   Nach einem langen Spaziergang im Park liegt Zottel schlapp und müde in seinem Körbchen./Schlapp und müde liegt Zottel nach dem langen Spaziergang im Park in seinem Körchen./Liegt Zottel nach dem langen Spaziergang im Park schlapp und müde in seinem Körbchen?
   Tina erklärte ihrer Nachbarin heute die Matheaufgaben.
   Heute erklärte Tina ihrer Nachbarin die Matheaufgaben./Die Matheaufgaben erklärte Tina heute ihrer Nachbarin./Erklärte Tina ihrer Nachbarin heute die Matheaufgaben?
   Bei den Satzumstellungen gibt es immer mehrere Möglichkeiten. Hier sind jeweils Beispiellösungen für dich angegeben.

Seite 155

2. a) Die Kinder besuchen ihre Tante.
   Die Kinder besuchen in den Ferien ihre Tante.
   Die Kinder besuchen in den Ferien ihre Tante in Bayern.
   b) Lisa malte ein riesiges Bild.
   Lisa malte vorgestern ein riesiges Bild.
   Lisa malte ihrem Bruder vorgestern ein riesiges Bild.

3. Montags geht Papa mit seinen Freunden Ingo und Wolfgang schon seit vielen Jahren zum Fußballtraining in die Sporthalle am Hafen.
   Lisa bringt nach dem Abendessen gemeinsam mit ihrer Kusine Lilly sehr liebevoll ihre Puppen und Kuscheltiere ins Bett.
   Mama und Oma fahren nachmittags am liebsten mit dem Bus des netten Herrn Mahlke in die Innenstadt zum Einkaufen.

Papa geht.
Lisa bringt.
Mama und Oma fahren.

4. Lisa vergisst nur ganz selten ihre Hausaufgaben. Frau Schöllchen lobt sie sehr dafür. Seite 156

5. Beispiellösung
   a) Ein Malbuch hat Lisa geschenkt bekommen. Sie liebt solche Bücher. Das ganze Wochenende malt das Mädchen in ihrem Zimmer. Auf ihrem Lieblingsbild sieht man auf einer Wiese ein Kätzchen und zwei Ponys.
   b) Ausgerechnet heute ist der Hund weggelaufen. Er wollte einfach nicht auf Tom hören. So war Zottel allein im Park. Zurückgebracht wurde Zottel von einem Nachbarn. Da hat Opa sehr mit Zottel geschimpft.

6. Beispiellösung Seite 157
   Tom schreibt Niklas einen Brief.
   Tom schreibt mit viel Mühe am Nachmittag dieses anstrengenden Tages mit seinem neuen Füller einen sehr langen Brief an seinen besten Freund Niklas in der Moltkestraße.

Test
Opa pflanzt morgen im Garten Kartoffeln.
Tom besucht seinen Brieffreund in Berlin.
Mama kauft Lisa und Tina neue Sportschuhe.
Zottel vergräbt heimlich einen Knochen im Garten.
Lisa und Tom backen Oma eine Erdbeertorte.

<u>Auswertung zum Test</u>
Die Beispielsätze helfen dir dabei, deine Ergänzungen zu beurteilen. Jede passende Ergänzung bringt einen Punkt.
Von insgesamt 6 Punkten hast du .... Punkte erreicht.

Super!	In Ordnung!	Bitte noch einmal üben!
6 Punkte	5 bis 4 Punkte	Weniger als 4 Punkte

Glossar

Hier findest du wichtige Begriffe noch einmal erklärt.

Wortarten

- **Adjektive (Wiewörter)** beschreiben Menschen, Tiere, Pflanzen oder Dinge.
  Sie zeigen an, wie etwas ist (groß, klein, einfach, gut).
  Mit Adjektiven kann man vergleichen:
  groß – größer – am größten.

- **Artikel:** Es gibt bestimmte Artikel und unbestimmte Artikel.
  Bestimmte Artikel sind die Wörter **der, die, das**.
  Unbestimmte Artikel sind die beiden Wörter **ein und eine**.
  Artikel sind die **Begleiter von Nomen**.

- **Konjunktionen (Bindewörter)** verbinden Satzteile oder Sätze miteinander **(aber, als, damit, dass, denn, während, wenn, weil)**.

- **Nomen (Namenwörter)** sind Namen für Menschen, Tiere, Pflanzen und Dinge.
  Nomen werden am Wortanfang immer großgeschrieben (der **B**all, die **K**atze, das **K**ind).
  Nomen können in der **Einzahl** und in der **Mehrzahl** stehen: das Haus – die Häuser, der Mensch – die Menschen.

- **Präpositionen (Verhältniswörter)** sind kleine Wörter, die oft im Zusammenhang mit Nomen verwendet werden.
  Präpositionen sind: **am, an, auf, aus, bei, beim, im, in, mit, unter, vom, von, vor, zum, zur, zwischen**.

- **Pronomen** sind Fürwörter. Sie ersetzen in einem Text die Nomen. **Pro** bedeutet **für**, sie stehen also für ein Nomen:
  Die Straßenbahn kommt. – Sie kommt.
  Die Pronomen heißen: **ich, du, er, sie, es, wir, ihr, sie.**

- **Verben (Tuwörter, Tunwörter)** zeigen an, was jemand tut oder was geschieht **(sie malt – es schneit)**. Verben haben eine Grundform, die fast immer auf **-en** endet **(essen – trinken – arbeiten)**. Es gibt **regelmäßige** Verben und **unregelmäßige** Verben.

- **Wortfamilie:** In einer Wortfamilie haben alle Wörter denselben Wortstamm. Sie sind miteinander verwandt.

Zeitformen

- **Futur** ist die Zeitform, die all das beschreibt, was in der Zukunft passieren wird. Diese Zeitform besteht aus zwei Teilen (**er wird arbeiten – sie wird wandern**).

- **Gegenwart** ist die Zeit, die all das beschreibt, was jetzt gerade passiert. Ein anderer Name für diese Zeitform ist das **Präsens**.

- **Präteritum (1. Vergangenheit)** wird verwendet, wenn man über etwas schreibt, das schon geschehen ist. **Gestern traf ich meine Freundin. Sie trug ein neues Kleid.**

- **Perfekt (2. Vergangenheit)** Die 2. Vergangenheitsform oder das **Perfekt** wird verwendet, wenn etwas beschrieben wird, das schon geschehen ist. Das Perfekt wird vorwiegend in der gesprochenen Sprache benutzt. Es setzt sich stets aus zwei Teilen zusammen (**ich bin gegangen – sie hat gemalt**).

Sätze

- **Aufforderungs- und Ausrufesätze** werden immer mit einem Ausrufezeichen beendet.

- **Aussagesätze** werden verwendet, wenn man über etwas berichtet. Am Ende eines Aussagesatzes steht ein Punkt.

- **Fragesätze** beginnen mit Fragewörtern (**wer, wie, wo, was, wann, wieso, weshalb, warum**). Am Ende eines Fragesatzes steht ein Fragezeichen.
- **Wörtliche Rede:** Wenn man ein Gespräch aufschreiben möchte, benutzt man die **wörtliche Rede** und **Begleitsätze**. **Lisa fragt: „Wo ist Zottel?"**

Satzglieder

- **Akkusativobjekt (Wen-oder-was-Ergänzung):** Das Akkusativobjekt ist der Teil des Satzes, mit dem auf die Frage **Wen-oder-was** geantwortet wird. Es wird auch die **Wen-oder-was-Ergänzung** genannt.
  Tom zeigt seinem Freund Paul sein neues Kettcar.
- **Dativ-Objekt (Wem-Ergänzung):** Das Dativobjekt ist der Teil des Satzes, mit dem auf die Frage **Wem?** geantwortet wird.
  Tom zeigt seinem Freund Paul sein neues Kettcar.
- **Prädikat (Satzaussage):** Das Prädikat ist der Teil des Satzes, mit dem auf die Frage **Was tut?** oder **Was geschieht?** geantwortet wird. Das Prädikat wird auch **Satzkern** genannt. Es ist der wichtigste Teil eines Satzes.
  Tom zeigt seinem Freund Paul sein neues Kettcar.
- **Satzglieder** sind die einzelnen Teile eines Satzes. Ihre Position innerhalb eines Satzes kann vertauscht werden. Ein Satzglied besteht aus einem oder aus mehreren Wörtern.
  Satzglieder findet man durch die **Umstellprobe**.
- **Subjekt (Satzgegenstand):** Das Subjekt ist der Teil des Satzes, mit dem auf die Frage **Wer oder was?** geantwortet wird. Das Subjekt wird auch Satzgegenstand genannt.
  Tom zeigt seinem Freund Paul sein neues Kettcar.

Stichwortverzeichnis

Spengler, Sabine:
200 Übungen Deutsch 3.-4. Schuljahr. - Schroedel, 2011
ISBN 978-3-507-22312-7 kt. : EUR 10.95

Übungsbuch für den Grammatikstoff im Fach Deutsch, Klasse 3 und 4; mit Regeln, Übungen und Tests sowie Lösungen.
IK: Lernhilfe - Deutsch Primar

(4.3/O)
(II I 1)

P300076257 ekz 297.958.3
324